云南百位历史名人传记丛书

中共云南省委宣传部◎编

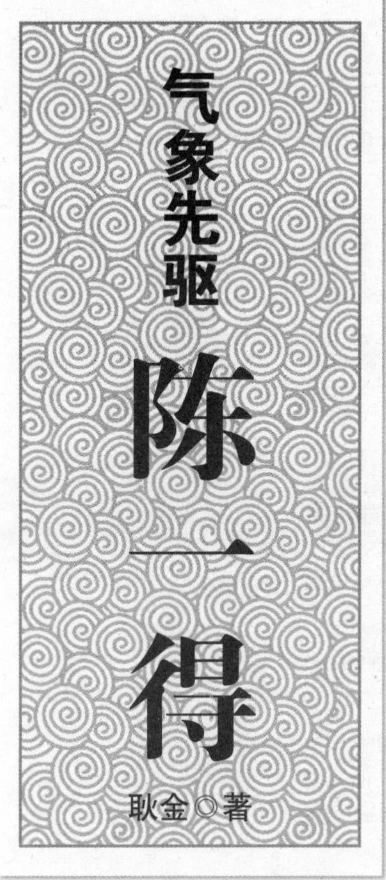

云南出版集团

云南人民出版社

图书在版编目（CIP）数据

气象先驱——陈一得 / 耿金著. -- 昆明 : 云南人民出版社, 2015.7

（云南百位历史名人传记丛书）

ISBN 978-7-222-11576-7

Ⅰ. ①气… Ⅱ. ①耿… Ⅲ. ①陈一得（1886 ~ 1958）—传记 Ⅳ. ①K826.14

中国版本图书馆CIP数据核字(2013)第321545号

出 品 人：李 维
刘大伟
责任编辑：陈朝华
武 坤
装帧设计：马 滨
责任校对：张艳琼
责任印制：马文杰

书名 **气象先驱——陈一得**
作者 耿 金 著
出版 云南出版集团 云南人民出版社
发行 云南人民出版社
社址 昆明市环城西路609号
邮编 650034
网址 http://ynpress.yunshow.com
E-mail ynrms@sina.com
开本 889mm×1194mm 1/32
印张 4.625
字数 100千
版次 2015年7月第1版第1次印刷
印刷 昆明卓林包装印刷有限公司
书号 ISBN 978-7-222-11576-7
定价 18.00元

如有图书质量及相关问题请与我社联系
审校部电话0871-64164626 印制科电话0871-64191534

云南百位历史名人传记丛书

编委会名单

总 序

丛书编委会

历史长河浩浩荡荡！中华文明自滥觞至汇聚千流，涵纳万水，奔腾迭起，云蒸霞蔚，延五千年之长史，至今生机勃然，是迄今世界上唯一保持完整且衍传有序、光耀于人类的伟大文明。

习近平总书记指出：一个国家、一个民族的强盛，总是以文化兴盛为支撑的。中华民族是具有非凡创造力的民族，我们创造了伟大的中华文明，实现中华民族伟大复兴的中国梦，必须弘扬中国精神。以爱国主义为核心的民族精神，以改革创新为核心的时代精神，是兴国之魂，强国之魂。

云南，是祖国西南神奇、美丽、富饶的宝地，是中华文明中极具特质和创造潜力的丰美之乡。云南少数民族文化是中华民族文化的重要瑰宝。长期以来，云南大地上，各民族和睦与共，相濡相生，共同创造了色彩瑰丽、形态多元、底蕴厚重、影响深远的历史文化，为我们留下了珍贵的精神遗产。人，是历史的镜子，是历史最生动的环节，人民是历史的主人和创造主体。在人类历史的进程中，一个个不同时期的代表人物产生过一些不同的影响。“云南百位历史名人传记丛书”就是这样一丛历史的记录，一百位历史名人，虽未必尽能概全，各位历史人物的代表性也不尽相同，但都是“追梦人”，是振兴民族伟大理想的传薪人、探索者和实践家。

在这些代表人物中，无论是拓土开疆的将帅勇者，还是蹈海酬志的大国使节；无论是志于传播文明的鸿儒巨擘、先哲贤士，还是为民族独立解放而高歌猛进、慷慨捐躯的群雄英杰，都贯注了这一重要精神。正是以他们为代表的云南各族人民创造并抒写了可歌可泣的英雄史章，熔铸了坚韧不拔、奋为人先、包容博大、敢于担当的精神品质，才使云南在中华文明的长史中闪耀着特有的光辉。尤在近代中国，在辛亥护国风云中，在反对外辱保卫祖国边疆维护民族尊严、抗击日本法西斯侵略中，云南站在历史前台，以中华群雄的不屈身影演出了一幕幕豪迈悲壮的历史大戏，也更涌现了一批足以彪炳史册、光照后人的杰出人物。这一切，给予中国历史进程深远的影响。

今天，实现中华民族伟大复兴之梦，谱写富民强滇中国梦的云南篇章，需要以中华文化发展繁荣为重要条件，这就需要接续这一光荣而伟大的精神传统，在继承中创新，在创新中发展，在发展中超越。云南正处于一个新的历史起点上，需要大力挖掘历史文化资源，聚合更强大的精神动力，为推动我省科学发展、和谐发展、跨越发展凝心聚力。为此，我们组织省内外专家学者编写出版了“云南百位历史名人传记丛书”。这对加强我省各族人民，尤其是青年一代对历史的了解、认同，爱国爱乡爱民并甘于奉献，对提升优秀精神品质，形成团结奋斗的共同的思想基础，坚定推进富民强滇的信心和决心，显然有着重要的现实意义和切实的助力。

一百位历史人物，所处历史时期并不相同，其历史作用也有差异，甚至就个人的全面历史评断方面也难以等量趋同。但我们以为这些留存史迹的人物，所以传扬至今，为后世崇奉，均有他们共同的历史向度和价值取向，我们学习这些历史人物，至少应当着重于以下几个大的方面，即：“守大德、重大义、集大成、有大度、达大观”。

守大德，即恪守道德规范。“德者，本也。”（《礼记·大学》）“大德”既是国家民族的根本利益所在，也是中国文化中最核心的价值理念及标准。古语“行德则兴，背德则崩”，不仅是资政经验，也是个人修习完善的根基。所谓“厚德载物”，直观的理解，就是如果德行浅薄，是不能兴物成事，更不能造就伟大功业的。云南历史文化名人，大多以德立身，大节不移，并对此恪守坚定，一以贯之；始终保持正确信念和理想，并为之奋斗到底。这是我们首先要学习尊崇的。

重大义，即以国家民族利益的需要为个人行为取舍的标准。有大义，才有大爱。这些先贤无不爱云南爱乡土，以兴业乡梓、造福一方为己任。尤在国家民族命运攸关、生死存亡的关头，这些令人崇敬的先辈，大义擎天，逢难不避，敢于担当，责无旁贷，勇往直前，不惧牺牲。一个心存天下大公的人总会在不经意的一瞬决定大义的选择，这是社会进步的希望所在，更何况实现中华复兴的伟大梦想，还有很多异常艰危的事业在等待我们去克难攻坚。所以，举凡大义、为民为国、全身而进的精神是我们应当效法崇尚的。

集大成，“知类通达，强立而不反，谓之大成”。这些历史人物留下的足迹，予人深刻启迪。他们无论是出将入相，还是布衣一袭，均勤学不辍，求索不止，在追求真理和知识的道路上刻苦务实，义无反顾，永无终期，故能成大器，胜大任，不辱使命。今天，世界进入知识信息时代，软硬实力决定一个国家能否赢得发展机遇，乃至自立于强国之列的地位。其紧迫性不亚于先辈梦想中国富强的百年期许。但今天所谓“集大成”，是更高更大更具有生存挑战性和发展战略性的，是集世界之“大成”，集政治经济、科技文化、制度建设、社会发展等一切领域“总成”，玉成中国梦的空前伟大的事业。所以，先人刻苦自律、博学精进的学习精神我们应当秉持继承。

有大度，即要有开放包容的胸怀。云南历史文化名人的一个共通品质，也是一个显著特点就是，即使身处僻远，总能破除狭隘与陋见，以宏大度量，兼容并包，接纳先进，吸收优异，团结一切可以团结的力量，聚合一切可以聚合的资源，总成一股创造历史的宏大动力，来完成伟大的事业。哪怕是割股舍己，也在所不惜。今天，云南要实现跨越式发展，保持开放包容的胸怀尤其重要。所以，先辈"天下云南"的大度我们应当弘扬光大。

达大观，即要眼观天下，达察全局，与时俱进，审时知变，敢为人先。推动云南社会历史进步的代表人物，无不目光远大，胸怀全局，对世界潮流、时代嬗变，都能审视洞悉，并欣然顺应规律，故能在历史转折的关键时刻做出正确选择，成就改天换地的一番伟业。古语有"小智自私"、"达人大观"，是将为个人谋私的小智谋与担当天下兴亡的大智慧尖锐对比而言的。否则，"其兴也勃焉，其亡也忽焉"。一个为民为国而应用心智的人，必然有达观天下的心怀，也由此激发潜能、超迈寻常，而使人生境界也更加美好而宏丽。遍观世界文明史，许多影响人类进步的伟大创新，正是以此为动力和起点的。今天，中国经济社会的快速发展，国家的日益强大，正为实现中华民族伟大复兴的中国梦开拓了无限广阔的道路，也为个人实现自身价值创造着更加富实的前景。所以，先辈们达观天下的精神我们应当引为楷模。

我们对志向高远、仰观天下、俯察民情、甘为路石、慨当以慷、求真务实的历史名人，心存景仰，并愿与千千万万的读者，尤其是青年朋友一道学习弘扬。

组织编撰“云南百位历史名人传记丛书”是一项重要的文化工程，编撰出版人员都做出了艰苦的努力，但由于众手修书，书稿层次不一，成书体例难以做到完全一致，对存在的不足敬请读者批评指正，我们将虚心接受，并在修订再版时一并吸纳修改完善。

目录//MULU

目录//MULU

◆ 小巷科研所

◆ 首创观测所

◆ 经天纬地才

目录//MULU

童年多坎坷

一位气象科学家，用自己的科研人生谱写了属于家乡小城的荣耀，童年的苦难成为他以后攀爬人生高峰的基石，所谓欲成大事者，必先苦其心志是也。

小城大家

他是一位从大山深处走出来的农民的儿子，七岁丧母，发奋读书，立志振兴民族、挽救国家于危亡之时；学生时代勤奋好学，尤其喜好数理，偏爱观测天地、山川，探究宇宙天象之奥秘。年少时，以优异成绩考取晚清公费生赴比利时留学，然命运之神却无情地愚弄了这位才华横溢的少年，因政治原因失去出国深造之机会；任教于中学，却对科学研究十分感兴趣；生活拮据，却自掏腰包购买研究所需器材；他是云南历史上第一个私人气候观测站的创建人，是云南气候研究当之无愧的奠基者，他首创“步天规”以观天文，绘制云南第一幅“昆明恒星图”，第一次将定量分析法引入云南气象学研究，第一个在云南推行标准时等等。他为云南乃至中国气象、天文研究做出了巨大贡献与牺牲。

然而，今天却很少有人知道这位云南本土科学家。这位从大山深处走出的农民科学家一生低调，保有云南人民优秀的传统人格魅力：低调、踏实、勇于探索、奋斗不息。他就是云南近现代著名的气象学家、天文学家、地震研究专家陈一得，近代云南观天象、探气候的先驱。

他究竟是怎样的一个人呢？就让我们走近他，了解他，感知他，解读他吧……

清光绪十二年（1886）十月二十六日，祥云飘荡，阳光和煦，云南省盐井渡（今昭通盐津县）老鸦滩的老陈家出生了一个男孩，陈家虽是小本生意之家，但也略识得些翰墨，给刚出生的小孩取名秉仁，字彝德，希望他秉其仁爱，以德为本。这个新生的小孩后来成为云南现代气象研究的奠基人，一代杰出科学家。早年时，人们只知有陈秉仁之名，后来因创建私立“一得测候所”，借“愚者千虑必有一得”之义，改为陈一得。在此之前还是以原名叙述陈先生。人们常说，中国近代一百年是湖南人的时代，套句话说，云南近代是昭通人的时代。军政上，民国历史上人称“云南王”的龙云是昭通人，而后取代龙云的卢汉也是昭通人。直到1949年12月云南和平解放，可以说20世纪30~40年代末，昭通人左右着云南政局的发展方向，显赫一时。文化上，近代国学大师姜亮夫是昭通人。他1925年考入清华国学研究院后，师从王国维、梁启超、陈寅恪、吴宓等一代宗师，后成为著名的楚辞学家、敦煌学家、语言音韵学家、历史文献学家、教育家。其他名人在此就不作细说了，也说不过来。昭通近代出人才，所言非虚。

（从左往右分别是龙云、卢汉、姜亮夫）

陈一得，即陈秉仁，也是昭通人。

陈秉仁祖上并非昭通本地人，而是四川金堂县（今为成都市郊县）人氏，曾祖陈际虞时，正值蓝大顺发动农民起义，为躲避战乱，举家迁到昭通大关县自流井（四川省南部自贡市境内，盛产井盐），靠设私塾教蒙童，维持一家人生活。

说到这有必要对蓝大顺做一番交代。蓝大顺是何许人？可能很少有人知道，就连专门学历史出身的人也不一定知道，史籍上也很少有关于此人的记载，然其在晚清川滇民族起义大潮中，此人却演绎出了一番惊天壮举。

蓝大顺，又名蓝朝鼎，出生年月不详，史书记载只说是昭通县人。祖籍陕西，祖上在清雍正年间迁居到贵州威宁，大约在乾隆二十年（1755）以后，蓝朝鼎的曾祖始从威宁徙居昭通县城南八仙营，以耕种为业，是一个普通的农民之家。

李永和，诨名李短鞑、李短鞑鞑、李短辫，昭通大关县人。昭通民间一直称为李短鞑鞑，《邛崃县志》中说："因其军以割辫为记，故号短鞑。"认为李短鞑鞑一名是起义后喊出名的，其实不然。据民间传说，他从小就不愿梳辫子，只留点短鞑鞑。"鞑鞑"是民间土话，意思是短发辫。李永和的头发剪成短鞑鞑，这是下层社会劳动者为方便劳动采取的一种发式，并不如某些史学工作者想象的那样，认为是一种反清的行动。李永和原在昭通县铁匠街张姓家打铁，很有臂力，初识文字。在每天晚上休息时，还唱书给群众听。据说，李短鞑鞑唱《风波亭》，唱到武穆父子被害，男女老幼无不感叹唏嘘，一身正气，让人感慨！李永和为人好“打抱不平”，对铁匠手艺也很在行。农民进城买锄头，修理锄头，都肯找他。人们称赞说：短鞑鞑修的板锄，好用。在当时，铁匠李短鞑鞑这个大号，比李永和三字还要出名。蓝大顺兄弟就是在长期找他修理农具过程中结识的好友。

太平天国起义后，各地纷纷响应，农民运动蓬勃兴起。清政府为镇压农民起义，要筹措大量军费，在全国增收捐税，加紧搜刮。靠种田为生的人，日子越来越艰难。云南昭通与四川叙州（今宜宾市）、凉山接界，有一条贩运盐货的山路，一些破产的农民为求生计，就到川滇道上去充当脚夫。李永和种田打铁活不下去了，也和蓝大顺一起去当了脚夫。他俩为人正直，讲正义，遇事能主持公道，深受大家的信赖，因而结交了不少患难与共的穷苦人。

1859年，四川叙州府老鸦滩发生汛官勒索的事件，厘卡向脚夫敲诈钱财，态度凶狠。李永和、蓝大顺出面讲理，被诬蔑为走私，没收了货物，还把他们二人抓进监狱，并将另外两名脚夫杀害。那时厘金制度已在全国推行，川滇道也是分段设卡，对过境货物征收厘捐，但经办人往往借此勒索，营私舞弊成风。老鸦滩是川南边境的一处厘卡，汛官勒索本是常事，早已引起脚夫的痛恨。此次还杀了人，抓了蓝、李，更是激起脚夫的愤怒，于是七百多脚夫冲进监狱，救出蓝大顺、李永和。

蓝大顺、李永和被救出后，回到昭通牛皮寨，但公然劫狱，已是开弓没了回头箭，于是索性聚众起义，共尊李永和为主，称顺天王，树立义旗，组织五营四哨，订立军令，于咸丰九年（1859）九月初八向四川州府发起进攻。

起义军与当时的许多义军一样，只是迫于贪官横行，被逼无奈，才举行大旗，在他们的口号中有如下的诗文："圣主本仁慈，恨尔贪官污吏，败坏二百年基业；皇天多眷念，凭我猛将雄兵，扫清十七省山河。"义军旗帜鲜明地宣称只反贪官不反皇帝，对于清朝皇帝，还称为仁慈的圣主，认为败坏清朝二百年基业的是贪官污吏。杀贪官，为民请命，乃当时起义军的指导思想。

蓝、李在昭通发动起义后，不日攻入四川，连克筠连、高县，一路势如破竹，所向披靡。次年，占自贡盐场，声势始盛。遂以川南为基地，活动于岷江西岸，聚众达三十余万，称帝建国，建元顺天，义军节节胜利，清军屡战屡败。然好景不长，起义军在四川总督的进攻下，损失惨重，节节败退，蓝大顺的二弟蓝二顺及李永和皆战死，让人痛惜。然这不怨蓝、李二人无能，只怨他们命不好，遇上一个厉害的对手，此人正是驰骋沙场多年的骆秉章，此时正负责镇压进至四川的太平军，在四川惨败后，蓝大顺带领起义军转入陕南继续斗争，最后战死疆场。一场轰轰烈烈的农民起义就这样结束了，犹如这一时期所有的农民起义一样，难逃失败的命运。如今看来，虽敬仰这些义士之壮举，但总觉得像是一场闹剧，然这闹剧却实实在在地影响到了陈姓一家人的生活，在战火纷飞的年代，小老百姓躲避战乱成常事。

一家人迁到自流井后，平凡度日，生活倒也安稳，然到祖父辈时，一家人再次迁徙，搬到昭通盐井渡，开始新的生活。至于此次搬家所为何事，并没有更多材料说明，不过战乱频繁应该是其中一个重要因素。盐井渡曾隶属大关县，直到1917年才从大关县中析出，正式设县，故许多人也称陈家是昭通大关县人。

陈秉仁的故乡盐津县，是一片浇透了财富与希望的土地，自古以来，民风淳朴，山川秀美。

盐津县，顾名思义乃盛产食盐，所产盐非同海盐，而是井盐，故有盐井之地名，现在盐津县内仍有盐井这样的镇名。在旧社会，盐作为普通老百姓的生活必需品，十分珍贵，有盐之地，若可以垄断盐业，则可富甲一方。盐津这块神奇的大地确实养育了无数的富人，恩泽万家，然陈家却并未因此而过上富人生活。

如今的盐津县

盐津县虽是一小地方，但因

盐津豆沙关

其独特的地理位置，自古以来就是中原入滇的必经要道，战略位置十分重要。其中豆沙关有着“一夫当关，万夫莫开”之险，历来为兵家必争之地，是进云南的第一道关。秦始皇开“五尺道”而通云南，盐津就是其中一个主要站点，历经岁月尘封，那“五尺道”像一位历史老人，注视着人间岁月的轮换，虽一言不发，却留下了一道道马蹄深印，见证着盐津所发生的点滴历史。还有那令人好奇、依壁半空的“僰人悬棺”，无数人对悬棺是怎样放上去的这个问题，进行着各种各样的解答，至今仍是个谜。优越的地理位置、悠久的历史文化、丰富的自然资源，所有的这一切似乎都在预示着，这应该是一个富庶之地，百姓应该生活富裕，然而，正像那个时代的大多数地方一样，资源永远都是只被少数人占有，富裕永远也只属于少数人。

谁会想到，这偏远的小县城后来却出了个科学家呢？而且还是近代云南气候研究的奠基人，如此之殊荣给这偏远小城平添了些许科学气息。

波折少年

陈秉仁的父亲陈思贤，是一位普通农民，在家靠经营小杂货店为生，日子过得清贫。陈思贤四岁丧父，与母亲相依为命，从小就养成了吃苦耐劳、坚忍顽强的性格，这对后来陈秉仁倔强、坚忍的性格形成有较大影响。母亲赵氏是一位普普通通的传统农家妇女，具有温良恭顺的德行，相夫教子，操持家务，很好地尽到了为人妻为人母的责任。陈秉仁还有个比自己大一点的姐姐，一家四口生活虽然艰苦一些，但和和睦睦，日子倒也过得舒心。

时光荏苒，一晃陈秉仁已两岁，由牙牙学语到已会简单会话了，看着孩子慢慢长大，父亲陈思贤满心欢喜。然此时的母亲却是无暇顾及两岁的陈秉仁，在多子多福观念的影响下，母亲又怀上了一个孩子，这的确是一件值得全家人高兴的大事。看着妻子的肚子一天天大起来，陈思贤别提多高兴了，虽苦一些，但心里却美滋滋的。

终于，一天，伴着一阵清脆的哭声，陈家的又一个孩子出生了。“是个男孩，是个男孩……”陈思贤心里想着，嘴里也不停地念叨着。抱起孩子的那一刻，想再要一个男孩的愿望真是实现了，老陈家又添一子，看着二儿子，又看看大儿子，陈思贤满心欢喜，盘算着给老二取个好名，左思右想，终于有了，就叫“葆仁”吧，陈葆仁。“葆”字音同“宝”，即珍贵、宝贝之意。这个弟弟此后一生对陈秉仁帮助甚多。

两岁的陈秉仁有了弟弟，家中又多了一分欢乐，多了一分喜悦，但从此之后，长子的重任就落在了他的身上，作为长子就要担负起更多的责任，承载起更大的期许，这也让陈秉仁早早地成熟了起来。

一家人的日子就这样平淡地过着，父亲继续辛苦工作以养家，母亲操持着家务，抚养着年幼的孩子们，陈秉仁渐渐长大，一晃已七岁了。就在七岁这年，不幸的事情发生了。

母亲一向体弱，任劳任怨，在家操持家务，终于，生活的重担把这位伟大的母亲压垮了，这一次的倒下，没想到竟是与家人的永别。

重病中的母亲，放心不下年幼的孩子们，她把长子陈秉仁叫到身边，双眼充满泪水。这个年仅七岁的孩子似乎并不明白发生了什么。看着母亲躺在床上，说话都十分费力，懂事的陈秉仁倚靠在母亲身边，他心想母亲只是累了，躺一会儿，休息一下就会好的。他还不能理解“死”意味着什么，或许他知道，但却不愿意去想，也不敢想，因为他不能没有母亲，他需要一个完整而幸福的家。

母亲用她最后一丝的力气把自己撑起来靠在床上，抚摸着陈秉仁，对他说：“你以后要好好读书，只有把书读好了，才能出人头地，才能报效国家。”秉任或许还不能理解读书与出人头地、报效国家之间的关系，但却把母亲的这番话牢牢地记在了心里，永远没有忘记。

一番交代后，母亲闭上了双眼，再也没有醒来，此时的陈秉仁或许才明白死神是多么可怕。母亲的离世，在陈秉仁的心中留下了深深的伤痛，这种失去至亲的痛，刻骨铭心，痛彻心扉。那一夜，七岁的陈秉仁好像一下长大了。

痛失母亲对一个七岁的孩子来说，犹如天塌下一般，顿时失去了人生的支柱，然而，陈秉仁却不像一般孩子那样整日哭哭啼啼，而是牢记母亲临终嘱咐，好好读书，勤奋学习。

从此以后，陈秉仁钻研书籍，勤学苦读。然自己家的房屋狭小，且与众多邻居相邻，虽是热闹，却不方便读书，原因为何？不为别的，就因为陈秉仁读书多至深夜，有时甚至通宵达旦，这样的疯狂举动，难免影响到周围邻居，然邻居们不但不反感，反而夸奖秉仁好学，一时传为佳话。

勤勉好学，品学兼优，陈秉仁承担起家里人对他太多的期许：希望这个孩子将来出人头地，能给贫困的家庭带来一些改变，若能光耀门楣则甚好。

陈秉仁确实很争气，从小学开始成绩一直名列前茅，到十六岁时，参加童子试，前两次考试都排在前列，到院试的时候因名额已满而未被录取。所谓童子试，就是科举时代参加科考的资格考试，从科举产生之时就有，在唐、宋时期称州县试，明清时期称郡试，包括县试、府试和院试三个阶段的考试。县试一般由知县主持，本县童生要有同考者五人互结，并且还要有本县廪生（成绩好的秀才）作保，才能参加考试。试期多在二月，需要考四至五场，内容有八股文、诗赋、策论等，考试合格后才可参加府试。府试则由知府或直隶州知州、直隶厅同知主持，考试内容和场次与县试相同，试期多在四月。府试合格后方可参加院试。院试又叫道试，由主管一省诸儒生事物的学政主持，相当于省教育厅厅长，院试合格后称为秀才，才可以进入官学和正式参加科举考试。

在这顺便交代一句，清代的科举考试包括四部分，分别是童试、乡试、会试、殿试。而童试是科举的第一步，也是科举必走的关键一步。只有通过最后由皇帝任命的学政到地方主持的院试，才有资格参加科举考试。通过院试得到第一名的称为“案首”，而所有通过的童生称为“生员”，俗称“秀才”，从此之后算是有了“功名”，进入士大夫阶层；有免除差役，见知县不跪、不能随便用刑等特权。而秀才也分等级，成绩最好的称“廪生”，由公家按月发给粮食；其次称“增生”，不供给粮食，“廪生”和“增生”是有名额限制的；三是“附生”，即才入学的附学生员。

十六岁的陈秉仁参加童子试，不久就通过童子试的县试和府试，成为童生。但参加院试时，由于当时大关县院试名额有限，陈秉仁没能获得“秀才”功名。性格倔强的他相信付出定有收获，努力必有回报，准备来年再次参加考试。毕竟已经通过了最基本的县试、府试，成为童生，比起许多要多次尝试才能通过县、府试的人来说，年纪轻轻的陈秉仁已属十分优秀了。

不肯放弃的陈秉仁继续准备着自己的考试，依旧读书至深夜而不自觉，每当想偷懒犯困时，母亲临终前的话语就回荡在自己脑海之中，再苦也要撑下去。

岁月匆匆，大清国的历史来到了光绪三十二年（1906），这一年全国发生了一件大事，这件事又再次影响到了陈秉仁，使他的人生轨迹发生了巨大转变，且影响到了他的一生。究竟是什么事呢？

漫漫求学路

从科考无门到求学省城，他历经各种磨难。在国家、民族利益面前，他不惧强权，那一刻，他登高疾呼，彰显的不仅是读书人的品格，更是近代中华民族崛起的呐喊！

科举路断

晚清的最后十年，政局动荡，大清最高掌权者慈禧太后在庚子年八国联军入侵北京后，仓皇出逃，尔后与列强签订了丧权辱国的《辛丑条约》，这是晚清以来列强对我中华掠夺最狠的一次，使原本贫弱的国家更加破败，大清这条破船真要慢慢沉沦了。为了挽救王朝颓势，同时在举国民众的一片声讨下，慈禧决定在大清实行改革，对照当年康有为、梁启超等人发起的“戊戌变法”照猫画虎，实行新政。而废科举就是新政中一项关键内容。科举废除关系到无数学子的人生命运，而陈秉仁恰好就赶上了。

光绪三十二年（1906），袁世凯、张之洞等朝廷大员纷纷上奏，大声疾呼，废科举、兴学堂，培养急用人才，迫于压力，同时也是为了做出表示，清廷确实开始改革了，清政府做出决定，自1906年开始，所有乡试、会试，以及各省税科考试一律废除，在中华大地上实行了1300多年的科举制度被画上了句号。科举废除后改变了无数人的命运，陈秉仁就是这场剧变的一个被波及者。

科举废除后，全国掀起了办学堂的热潮，大大小小的学堂一夜之间全都冒了出来。云南从1902年到1911年的10年间，在昆明建立过7所高等学校，分别是：省高等学堂、省优级师范学堂、省法政学堂、省高等工矿学堂、省方言学堂（英文、法文）、东文学堂（日文）、陆军讲武学堂。还办过一些中等专业学校，诸如师范学堂、女子师范学堂、农业学堂、蚕桑学堂、森林学堂、工业学堂、实业学堂。并在各府州县开办大量的中学堂和小学堂。这些新学堂的课程，除了传统的“四书五经”外，增加了社会科学、自然科学、生产技术、外文（英、法、日文）等。当时的高等学堂还聘请日本教师，教文科、数理化科、博物科等，系统讲授西方社会科学和自然科学。这些新学堂，由于增设了自然科学和生产技术课程，为培养科技人才奠定了基础。相比于其他学堂来说，云南省高等学堂的建立则又要早一些。早在1898年康有为、梁启超等维新派得到清光绪皇帝的支持，发动“戊戌变法”，从这年六月十一日起，发布《明定国是上谕》等一系列除旧布新的命令。其中有关教育的是：废八股文改试“策论”考选士子，各省书院、祠庙改设学堂，选派出国留学生，筹备京师大学堂等。但到九月二十一日，慈禧太后幽禁了光绪帝，捕杀维新派。这场“百日维新”运动，自然也以失败告终了。到1903年，清朝抗拒不了时代潮流，仍颁布了改良教育的“癸卯学制”，内容基本照搬“戊戌变法”对教育的改革措施，各地方也开始改革学制。当时的云南省学务处就把当时设在昆明五华山的五华书院改为云南高等学堂，成为云南省新科制的第一所高校。所收的学员中不少是秀才、廪生和贡生。

陈秉仁被推到了人生的十字路口，是继续到学堂读书还是就此终结求学生涯，这是个问题。不过选择本身似乎并不困难，本就喜欢读书的他，毅然决定继续读书，他不想就此终了自己的一生，他的理想、目标都还没来得及实现呢！怎么可能就这样放弃了呢？

没有经过更多思考，在与家里人商量后，陈秉仁表示想到省里念书，并成功考入省高等学堂学习法文，此时的他认为多学一门外语，就多一门才能，还可以为自己继续深造创造条件，希望通过学习法语，更好地学习西方先进的科学与技术，为国家建设做出自己的贡献。

进入高等学堂读书后没过几年，云南历史上发生了一政治事件，这件事是陈秉仁人生命运的又一次重要转折点，多年以后，每当回想起这件往事，陈秉仁心情依旧十分复杂，自豪与遗憾交织于内心之中。

在高等学堂读书的岁月，陈秉仁学习刻苦认真，成绩优异。功夫不负有心人，勤勤恳恳付出总会换来收获。一个可以改变命运的机会就这样悄无声息地来到了他的身边，陈秉仁抓住了这来之不易的学习机会，成功获得了赴国外公费留学的资格。当时能出国读书的机会完全控制在政府手中，私人渠道几乎不可能，就算可以，也得要一笔昂贵的费用，能得到公费的名额，这对家境本就不好的陈秉仁来说，显得那么的重要，所以他十分珍惜这来之不易的机会。

晚清，政府为培养优秀人才，从1872年就开始选派人员赴欧美各国公费留学，不过此时的名额有限，而且是清政府出钱主持的，所选派的学生也基本都是学工科的，他们肩负着学习西方先进技术回国报效国家的使命。“庚子国变”以后，清政府不得不赔付各国巨额款项。1907年，传教士明恩溥说服了美国总统罗斯福，提议将美国分到的庚子赔款中超过实际消耗的部分减退，用于中国办高等教育和招收中国学生留美。此后，英、日、法、比利时等国都效法美国，退回部分庚款，用于选拔优秀学生到各国留学深造。幸运的陈秉仁赶上了这趟便车，以第一名的好成绩考取留学比利时的公费生，学习当时比较热门的铁路专业。考上公费留学，陈秉仁激动得彻夜难眠，恨不得马上就能坐上去比利时的轮船，开始自己的学习生涯，在异国他乡，不为金钱名利，只为学得本领回国建设自己的国家。

如果陈秉仁的路就这样走下去，我们或许可以想到他的人生道路应该是十分完美的，有留学国外的经历，回国后必定深得重用，前途无限光明。然而，历史总是充满着各种波折与无奈，陈秉仁出国的这件事被一场运动给葬送了，来之不易的留学机会就这样流产了！此后多年，每当回想起来，陈秉仁总不免心生遗憾，时时感慨，那次出国若能成功，自己的人生或许会有别样的结局。然而这就是历史，历史不可假设，也不可轮回。

学潮风暴

清末历史是一部充满耻辱、血泪的历史，江河日下的清政府面对列强入侵更显虚弱与腐败，对国家失望之心情笼罩在国人心头，忧虑与迷茫困扰着国人。从鸦片战争开始，西方列强从未放松对我中华的掠夺与侵略。

面对洋人的入侵，忍无可忍的北方农民们，在义和团组织的领导下开展了轰轰烈烈的“扶清灭洋”运动，到处攻打洋人的教堂、教会，确实是给压抑已久的国人出了一口气，清政府看这乱民闹事不反自己，还声称是要扶持自己，认为可以利用。于是，早已对洋人不满的慈禧太后一声令下，帮助义和团攻打洋人，从而引发了1900年的八国联军入侵北京的事件。

这事发生后，对全国都有影响，地处西南边陲的云南昆明，也发生了教案事件，不过发生在昆明的教案与发生在北方的略有不同，并非由义和团运动引起，北方的义和团也没有渗透到南方，该教案的发生是近代西南边疆危机的集中体现。云南教案成为后来一系列事件的导火线，而这一系列事件后来波及了学校，并影响到了陈秉仁。

英法两国对云南早就垂涎已久，都想把这块肥肉放入自己嘴中，一直寻找机会扩大自己在滇权益，若有可能还真想把云南从中国分裂出去，家门口蹲着这么两条狼，空有庞大身躯却弱如绵羊般的清政府就得时时小心，处处提防。

光绪二十六年（1900），时任法国驻滇领事方苏雅早已按捺不住欲尽快占据云南的野心，与法越总督杜梅合谋私运军火入滇，此时的越南早已是法国的殖民地，想以驻越南的法军为主力沿红河攻占云南。

方苏雅（1857~1935），原名奥古斯特·弗郎索瓦。出生在法国洛林地区吕内维尔城。父亲是一位呢绒商人，母亲是中产阶级贵妇人。年幼时，母亲死于肺病。后来他的父亲把他送到当地有名的南锡林业学校读预科。正当其准备参加入学考试时，父亲又突然去世。他不得不中断考试，从此成为孤儿，当时他只有16岁。父亲死后，方苏雅继承了父亲遗留下来的业务，从事了三年的呢绒生意。可他对做生意不感兴趣，还是想读书，但再也没有条件读书了，只得提前服兵役，在部队当骑兵。在一次政变中，他所在的部队参与政变失败，他逃到一片沼泽地中，躲了一个寒冬，才捡回一条命。后来因文章写得颇有文采，在一个朋友的推荐下，到阿猎斯省当省长办公室主任。在此期间，方苏雅认识了改变他人生命运的关键人物——省长比胡。比胡因同情方苏雅的不幸遭遇，又因其聪明、干练，笔头又好，对其格外器重，并将其收为养子。

法国征服越南后，1885年法国外交部向内务部招人，方苏雅被调到外交部工作，从此走上了外交官之路，进而与中国乃至地处中国西南的云南发生了关系。此后，他被外交部派驻越南领事馆做一名文官，1888年任职期满回到巴黎。此后，又有机会到印度、越南及中国的广西等地游历，并作为法国在这些地区的总领事。1899年又晋升为法国驻云南府名誉总领事。一路走来，还算是顺风顺水。可不曾想到的是，任法国驻云南府总领事将成为他外交生涯的终点，而这与发生在昆明的教案密切相关。

事情还得从光绪二十五年（1899）说起。这一年，方苏雅在云南总领事署收到来自法国驻越南总督杜梅的密电，要他回越南，筹商侵略云南的军事部署。《云南杂志》记载：杜梅“密电领事方苏雅氏，俾刻期赶归，商办行军事机，同谋先伏兵滇省，作内外夹攻，易斯奏效”。1901年4月初，方苏雅到了越南河内，见到了杜梅。并从越南老街带回一支由一百多越南士兵、一百多挑夫和马帮组成的队伍，携带大量枪支武器。然而，如此周密阴险的计划却出现了意外，其私运的军火在厘金查卡时给查获了，虽被查获，蛮横嚣张的方苏雅，居然“闯关夺局”，强行将军火抢回藏于今昆明平政街上的法国教堂。此事一经传出，省会昆明就炸了锅，愤怒的民众齐聚教堂，冲突中一场大火燃起，将法国教堂烧毁。方苏雅也从此再没有受到法国政府重用，后来虽再次回到云南，但已不是总领事，而只是一名负责督办滇越铁路普通工作人员。此事发生以后，法国自然不愿放弃这入侵云南的大好机会，然事有巧合，发生在北方的义和团运动完全打乱了法国的部署，为了参加八国联军进攻北京，集结于边界的法军被调北上，暂时缓解了昆明的教案之围。

在北方的义和团运动失败后，清政府被迫与列强签订了丧权辱国的《辛丑条约》，条约签订后，英法以赔偿教堂损失为由，迫使清政府向法国赔偿白银12万两，更可耻的是胁迫清政府同意法国在云南七处府厅开采矿产，导致七府矿权丧失。

昆明教案后，英法获得云南、澄江、临安、开化、楚雄府及元江直隶州、永北厅七处矿产开采权力。矿产权益的丧失使云南地方经济遭受巨大损失，云南各界各族人民反抗浪潮此起彼伏，绵延数年。1903 年 5 月，周云祥领导的矿工起义爆发，提出“阻洋占厂”“拒修洋路”的口号，万余各族人民参加。1905 年云南留日学生发起了废约运动，通电要求废除《矿务章程》，撤掉时任云贵总都的丁振铎，呼吁将七府矿权收回自办。云南部分士绅自矿约签订后多次集议，成立了矿务研究会，上书云南地方政府和清廷“与法使商废楚、澄、永等七府矿约”。1908 年元旦，云南留日学生百余人齐集东京，再次提出“废七府矿约，收滇越路权”的要求。1910 年 4 月 1 日滇越铁路通车，法英大批人员入滇，加大矿产开采，云南人民掀起了更大规模的废约斗争，并成立了“保存云南矿产会”，敦促政府收回矿权。省会各学堂学生纷纷前往云南省咨议局请愿废约，这其中不乏有血气的学生拔刀断指、引刀割臂，写血书呼吁“誓争矿权”、“七府矿约之不废除，则我等命脉已亡”等口号，全城掀起了以学生为主体的爱国热潮，陈秉仁也在浪潮中登高疾呼，为维护国家主权而站在战斗的最前沿。面对法国的侵略行径，他愤而写诗抨击：

门户洞开揖盗来，蜿蜒黑蜕遍城臬。
吾宁断腕誓相斗，夷虏终归化草莱。

这首诗是陈秉仁学生时代爱国激情的集中体现，既有对祖国风雨飘摇、任人宰割，人民处于水深火热之中的深切关心，又有宁可断腕，也要争取民族独立、国家富强的决心。

对苦难深重的云南人民来说，争取矿权的斗争还在继续，另一伙强盗又闯入了自己家中。这正是“屋漏偏逢连夜雨，船漏偏遇打头风”。

1910年12月，英军2000人马带着军马1000多匹由密支那出发，占据云南高黎贡山以西的片马各寨，这一入侵行径再次将反对帝国主义入侵及清政府丧权辱国的斗争推向高潮，在云南同盟会的影响下，云南省立学堂连续发生罢课风潮。

这一爱国行为，在清政府看来却犹如“洪水猛兽”，当时的云贵总督锡良及云南提学叶尔恺对学生的这种活动很是愤怒，并采取高压措施进行严厉镇压，将一些学校，如政法、蚕桑、体操等学堂停办，一些学生被逮捕或押解回籍，交地方官严加管束，还向清廷奏称：“各学生均以干预词讼，招摇乡里为务。在堂时结党横行，稍拂其意，要挟官长，无所不至。朝廷岁废巨款，养成此辈匪类，殊堪痛恨。”这位提学大人是下了狠招，大有不把这些闹事的“匪类”一网打尽誓不罢休之势。当官的作威作福，为保住自己头顶上的乌纱帽，还真敢做昧良心之事。

这也许就是陈秉仁的命，一场爱国学生运动，原本是为救国，却不想因此而惹上了麻烦，而且这个麻烦还不小，它几乎断送了陈秉仁的前途。叶尔恺认为这些参加闹事的学生不仅浪费了国家钱财，还给社会带来了巨大的负面影响，必须加以惩戒，而已经考上赴比利时公费留学的陈秉仁就在这惩戒名单之列，他被取消赴比利时公费留学的资格，并被押解回盐津县。陈秉仁又回到了这片抚育自己成长的土地，但却不是衣锦还乡，而是“遣返回籍”。在那个时代，被官府押解回籍在乡亲们眼里自然不是什么值得炫耀的事情，陈秉仁心情苦闷也在所难免。

面对家人，面对乡亲，陈秉仁第一次感到绝望，他不知道接下来的路应该怎么走，不知道前进的道路在何方，年轻的陈秉仁这次是有点迷茫了！

投笔从戎

陈秉仁被遣送回了老家盐津县，心中自是十分遗憾，但却没有放弃想到国外读书的打算。官费留学是不可能了，只有想办法自费了。但家里哪有那么多钱呀！

家里人虽然对这事的发生感到突然，但也没有过多地责备他，毕竟爱国是没有错的，谁也不会想到一心爱国会付出那么大的代价。此时，父亲看着委屈满腹而又无处发泄的儿子十分心疼，但这个朴实的农民又能做什么呢？他只希望儿子还能继续读书，这简单的想法，既单纯而又那么遥不可及。在一次与儿子的交谈中，他明确表示支持儿子继续念书，如此之态度，使还在犹豫中的陈秉仁坚定了自己的想法，他暗自下定决心，就是想尽一切办法也要到国外去看看。

然而，支持归支持，家里却是无论如何也拿不出这巨额费用的，俗话说，“一分钱难倒真好汉”！况且陈秉仁现在需要的不是一点点钱，而是一笔巨款，这让全家人犯了难，该怎么办呢？

一门心思想出国读书的陈秉仁，此时也开始犹豫了，是继续向着自己的理想迈进？还是尽早放弃，以免拖累家人？没有人可以为他给出答案。然“苦心人，天不负”，陈秉仁很快就打听到可以从上海出国，并且到上海可以一边打工挣钱，一边等待出国的机会。当时中国赴国外留学的学生几乎都是从上海出发的。正像当年的邓小平等人一样，也是自费出国留的学。在与家里人商量后，带上家里为他准备的、几乎是可以筹到的所有钱，陈秉仁踏上了去往大上海的旅途，这条路或许将是他人生命运的转折之路。欢喜、激动、忐忑，各种复杂心情充斥、击打着那颗不甘于平淡的心，之前因被取消出国留学资格而郁闷、压抑的心情一扫而光了。

每次离家远行和更换学习环境，陈秉仁都有新的收获，见识多了，眼界也就放宽了。读万卷书，行万里路，是做学问的不变箴言。能到上海自然是值得高兴的事情，但马上就要到一个完全陌生的地方去，那里的生活又将会是怎样的呢？陈秉仁心里并没有底，但对学问的求索精神激励着他；对国家、民族的责任推动着他。多走、多看、多问、多学，这是他还没有到上海就给自己定下的要求，他对这次上海之行充满了信心和期待。

经过一段时间的旅途颠簸，陈秉仁终于到了上海，这个在脑海中无数次重复出现的城市，今天终于见到了庐山真面目。看到满街灯红酒绿、一片繁华，他的兴奋之情溢于言表！

接下来的日子，陈秉仁开始为出国的学费四处筹钱，基本什么都做，只要可以挣到钱，再苦再累也无所谓。一边辛苦工作，一边节俭度日，日子过得很是辛苦。

到上海没多少日子，中国大地上发生的一件大事再次打断了陈秉仁的计划——辛亥革命爆发了。

面对风起云涌的革命浪潮，血气方刚的陈秉仁自然不会甘当旁观者，他也要为推翻这腐朽的清政府出一番力，于是他参加了革命军。可不曾想到的是，在上海参加革命军竟遇到了自己老乡领导的队伍。领头的就是黎天才，这人是云南丘北人，1866年生于云南丘北县八道哨乡黎家庄村，比陈秉仁大20岁。1881年投清军衡字营当列兵，参加抗法战争，被破格提升为军官。中法战争结束后，带兵驻守滇缅边界，升任都司衔蓝翎守备。1893年后在贵州、浙江、山西、四川、广东等地任职，官职升迁至都司。1911年辛亥革命爆发时，正驻守上海吴淞。

在革命军的枪炮声下，早已腐朽不堪的地方政府纷纷垮台，陈秉仁随军参加了攻打南京的战斗，并最终光复了南京。此事陈先生终生不忘，且常常以之为傲。

辛亥革命结束后，为促成中国实现南北统一，孙中山先生将大总统之位让给袁世凯，作为推翻清政府的交换条件，革命的果实被袁世凯窃取了，这当然是后话。可当时很多人认为袁世凯是革命功臣，国家没有大的动乱，却实现了共和之目的，都认为革命成功了，陈秉仁自然也是这么认为的。

其实，从骨子里看陈秉仁只是个书生，他所钟爱的是学术，希望通过读书获取知识，从而报效国家，而不是投笔从戎，过戎马生活；从政不是他想要的，也不是他所要追求的，陈秉仁此后一生未踏入政界，可以证明这点。所以，当看到国家形式上实现共和后，他毅然决然地退伍了，他想继续回学校读书，过学生的求学、求知日子。但是回哪的学校呢？这又是个问题。

之前到国外留学的打算，被这突如其来的革命打乱了，此时的中国百废待兴，与前清相比很多政策又有所改变，出国也就不那么容易了。既然出不了国，那就回家吧！陈秉仁感叹这个时代，为何这般与自己为难。这天大地大何处是自己的归属呢？人在无奈与孤寂时，更多想起的是亲人。出来已一年多了，是该回家看看家人了。

回昆念书

民国刚刚成立，陈秉仁就退伍了。他收拾收拾行装，踏上回乡之路。

不过这次回云南他并没有回家，而是留在了省城昆明，他想继续读书，只有在省城才可以实现自己读书的愿望。

回昆后，陈秉仁想起自己的母校——云南省高等学堂，这是自己曾经生活学习过的地方。面对人生的再一次选择，陈秉仁要好好想想自己要读什么学校，读什么专业了。但是对母校的眷恋，使他毫不犹豫地选择了自己的母校。而且当时的昆明也没什么好学校，像后来成立的东陆大学——也就是云南大学前身，在当时还没有呢。这省高等学堂在那个时候已经是全省的最高学府了，选择在这个学校读书自然是最好的。不过此时的学校已进行了改革，不再叫高等学堂了，而是改称为省两级师范学堂。

这两级师范学堂其实是初级和优级师范学堂的合称，这种学校形式出现在清末，是专门培养学堂教员的学校，其实就是后来师范学校的前身。

一般来说，初级师范培养的是小学堂的教员，修业五年。附设简易科，修业一年或半年。相对初级而言，优级的时间较短，修业本科一般是三年，专科稍短。培养的是初级师范学堂和中学堂的教员与管理员。

此时的陈秉仁再回母校，也必须得参加学校的招生考试，不过这完全难不倒他，读书、考试是他的强项。就这样陈秉仁考入了省优级师范数理化专科学习，他从小就喜欢数理，这次选择的专业应该是符合自己兴趣的。这也为他后来开展的各种科研活动打下了坚实的基础。

在学校期间，陈秉仁接受了几何、代数、物理、化学等学科的系统教育，形成了较为完整的知识体系，可以这样说，若没有在两级师范学堂学习的经历，陈秉仁想成为后来云南著名的气象、天文、地震专家，怕是很困难的。

在昆念书期间，陈秉仁时时不忘为家乡人做贡献，他联合了当时一些在昆同乡，联名给省政府上《旅省学生为请设县治乡人书》，要求盐津县单独设县，为促进县治，产生积极影响。

盐津县是在大关县盐津渡的基础上建立的，据史书记载，盐津县境在汉前还属蛮荒之地。汉武开边，始设益州郡，治理滇中大部区域，此时的盐津县境属犍为部。唐宋时期属大理政权管辖，明朝时期属乌蛮军民府，归四川布政司管辖，清朝雍正五年改属云南，雍正八年（1730）设盐津渡巡检司，九年（1731）乌蒙改名为昭通，设府，即昭通府，设同知（明清时期官名，为知府的副职，正五品）分防大关县。至此，盐津隶属大关县管辖。然进入民国后，大关县幅员广袤，人口繁多，且又有黎山横贯其间，管理起来极不方便。盐津渡在黎山以北，户口繁盛且与四川毗邻，地理位置极为重要，出于方便管理之原因，以黎山为界，将大关县山外之地分出，于民国六年（1917）设置新县，即为盐津县。虽然说盐津设县成功有其自身因素，却也不能抹杀了陈秉仁等为其做出的努力。

回首陈秉仁这几年，还真没过过一天消停日子，但在两级师范读书的岁月，让他感受到了平静、祥和生活的可贵。陈秉仁非常地珍惜这难得的时光，在学校的成绩非常好。

三年后，陈秉仁以优异的成绩毕业了，按学校的培养模式，陈秉仁可以去初级师范学堂和中学堂做老师，成为一名教书育人的先生。而由于成绩优秀，刚毕业的陈秉仁就被云南省立中学聘为教师。从此以后，开始了他的执教生涯，踏上教书育人之路。

萌发科研志

教书育人，受人尊重，他用自己的实际行动履行一名中学教师的职责，然对科学研究之一往情深终让他与气象、天文、地震研究一生结缘。

任教中学

刚毕业的陈秉仁因成绩优异，被分配到云南省立中学讲授数理化课程。然而，此时的他身上肩负起了养家糊口的重担，作为家中的长子，父母又已年迈，负担姐姐与弟弟生活费、学费的担子就落在了他的身上，为了能够多挣钱，他不仅在一个学校任教，还到当时昆明的各个中学任兼职教师，往返奔波于各个学校之间，比如当时的昆明中学、师范学校都曾聘请过他担任教师。

生活虽是辛苦，却也过得充实。每天在教书育人中体现自己的人生价值，而且还能为家里分担不少重担，想到这陈秉仁觉得值。

在学校的教书的日子过得很快，也过得很充实，陈秉仁的生活也很规律，看书、备课、上课成为生活的主调。性格内向、不怎么爱说话的他也并不会引起同事们过多的注意，似乎这平淡、波澜不惊的生活也就会这样继续下去了。然而，一个人的出现却打破了他平静的生活。

他遭遇了爱情。

至于这丘比特之箭是如何射中这位"书呆子"的，我们现在也不得而知了，不过他踏实好学、积极进取应该是吸引女孩芳心的主要因素，反正这位名叫刘德芳的女士就是看上了他，而且后来成为他科研事业上的得力帮手，让很多人羡慕。刘德芳女士一生默默地为丈夫付出，支持丈夫的事业，用实际行动证明了爱情的伟大不需要惊天动地的感动，而是平淡如水的默默支持，他们的爱情或许没有梁祝那般轰轰烈烈，没有牛郎织女那般凄美感人，但却让人体会到了爱情的朴实与真切。生活本来就是油米盐柴酱醋茶，真正的爱情也不需要那么多的色彩，简单的付出与快乐的收获，这才是平凡夫妻的真实写照。从这点来说，刘德芳女士是幸福的，因为她有一个值得为其付出的爱人；陈秉仁是幸福的，因为他找到了一生相伴之人。当然，这些都是后话。

有了爱情的日子，陈秉仁的生活就过得更加丰富多彩了，除了备课、上课外，还有了一位红颜知己相伴，闲暇时有了话谈人生、高谈阔论的对象，生活平添了几分滋味，日子也就过得更快了。

这期间，陈秉仁依旧博览群书。1917年，他草写了《有无钩沉》，从哲学的高度，揭示了有与无的辩证关系，文章内容不拘于玄谈，而是从数理、天文、气象等自然科学及历史、心理学、宗教等人文科学角度，阐释了有与无之间的辩证关系，这篇文章代表了早期陈秉仁对自然科学、哲学的思考，也是他科学思想形成的萌芽。

陈秉仁上课可谓兢兢业业、认真负责，这样的付出也为他赢得了不少的荣誉。他曾做过昆明市立第五小学校长，该校20世纪40年代改名华山小学，校址位于五华山山麓，是民国时期一名校，影响较大。关于昆明市第五小学的创建，还有一段曲折的往事。1924年，政府在当时的土主庙建昆明市第五小学，与民众发生了冲突。作为供奉自己所崇拜的本主的地方，土主庙对周边百姓而言是神圣的，不容外人侵犯。然而政府要在土主庙建学校就必然要对庙宇进行拆除，这在当时是天大的事情，当地百姓说什么都不同意。而且还有风水先生故意散布迷信，致使群众闹事，酿成风波，一时闹得沸沸扬扬，办学与迷信发生了冲突，如何解决是个难题。事发后，陈秉仁因对天文、气象十分了解，做学问又重证据，所以被委派为政府代表，耐心向群众解释风雨雷电等自然现象，宣传人定胜天，用大量事例驳倒了风水先生的各种谬论，收到了普及科学、破除迷信、平息风波的效果。

早在陈秉仁担任中等学校教员期间，他就取得教育当局的同意，在学校中设置了天文学课程，除课堂讲授外，还指导学生观测天象。在昆华民众教育馆，他做过多次科学常识的通俗演讲，诸如系列讲座之“天有多高？地有多厚？”“民众生活中的时间问题”“牛郎织女会相会吗？”“怎么知道流星雨要出现”“11月天象的奇遇”以及“谈谈阴阳历法”等多场趣味性与学术性完美结合的讲演，向广大群众介绍了天文气象及地震等方面的科学常识，对破除封建迷信及宿命论思想起了一定作用。

此外，他还曾被任命为市教育课的督导，并被选为云南省教育经费委员会委员，为发展云南近代教育事业奔走效力，贡献颇多。

醉心科研

民国初期，中华大地在辛亥革命之后，百废待兴。然好景不长，初建的民国又陷入了军阀割据混战之中，这样的国内环境，科学研究对政府来说，自然不是最紧要之事，而对一般之个人学者，科研就犹如奢侈品一般难以负担。当时天文学、气象学、地震学更是新学科，从事研究的人寥寥无几，因为要想出人头地，做科研显然不是明智之选择。

但陈秉仁就是要做一个不一样的人。当然，这并不是说他要特立独行，而是内心对科研的向往，是个人单纯对科学的追求，没有更多名利金钱的考虑，这就是陈秉仁。

在当老师的日子里，陈秉仁一直没有忘记自己喜欢的科学研究，对天文、气象、地震产生了浓厚的兴趣。教学之余，或利用极简陋的设备做实验研究，或外出考察，搜集资料。在这段时间，陈秉仁多次往来位于滇东北的盐津和地处滇中的昆明之间，悉心观察山川形势，收集气象资料，考证旧志记载，研究实验，多有心得。

1917年，在陈秉仁家乡邻县大关发生了一次强地震。据记载，那年的7月1日拂晓时，大关县属吉利铺后山地大震，震区山崩地裂、房屋倒塌，居民数千人死亡。整个地震波及四周300多里，包括盐津、彝良、绥江、永善、昭通、鲁甸、镇雄、威信、筠连、雷波、宜宾、凉山等地，主要范围是在今天的昭通市及四川的部分地区。大震之后，小震又延续30余日。

陈秉仁经过深入灾区查访，得知在地震前几日，出现朱提江江水大涨，河里的鱼成千上万跃到岸上等征兆，分析探究其震源，确定大关地震属火山作用。

针对大关县地震的原因，陈秉仁还认为月球与地球之间的引力对此次地震有触发作用，他曾在自己的科研处女作《昭通等八县图说》中论述道："至太阴（月亮）上弦已过，将为满月。则太阴与太阳、地球渐成一线，引力愈大，必减少地壳之压力，此地震在阴历六月十三日之原因也。"

说到《昭通等八县图说》，就不得不对该著作进行一番交代，因为它标志着陈秉仁进行科学研究的起步。早在陈秉仁只有15岁的1901年，这位不甘寂寞的少年就开始走访昭通各县，对滇东北一带的名山大川进行考察，并做了大量的记录，查阅相关的史料文献，为其后来的创作准备了丰富的素材。他在该著作序言中说："戊午（1918）年冬，淮安董仲华先生于云南教育会提议，附设云南学会，秉附骥赞成。蒙先生重访图志，秉遂以前在西林学舍（原五华书院）习绘之昭通府属全国改为昭通等八县全图，附以图说，请求改削，谬承协会发刊。"1918年陈秉仁将其之前在五华书院（也就是后来的两级师范学堂）所绘的《昭通府属全图》改为《昭通等八县图说》，并于次年即1919年出版。

该图册图文并茂，详细分析了滇东北昭通的气候特点，首次将昭通等八县划分为四种气候类型，“昭通、鲁甸二县，地当云岭之北，系一狭长极高之平原，故气候较寒，隆冬时，寒暑表常降至冰点下。又因北面金沙江及大关河谷深下，故多朔风，而雨雪随至。永善、大关、镇雄三县，地踞山腰一带，高低略等，然因方向之异故，永善最寒，大关次之，镇雄较温和。至彝良、盐津、绥江三县，地滨河岸，气候较热，夏日人不胜衣，汗出如洗。是此八县，气候含寒、温、热三带之性质矣”，具有“重特产”“益民生”的实用特色。

爱之深，责之切。陈秉仁在这部书中详细阐述了昭通地区土匪横行、匪患猖獗之情形，故其特点是“编注重匪患，详述山川险要、城镇形势，窃附己见，以资考察”。说昭通的匪巢原本在四川境内，一般也就晚上才活动。但民国时，土匪横行昭通，土匪“深入梨山山脉一带，超越包围绥江、盐津两县，充斥大关全境，蔓延井桧、永善、牛街、威信各地，劫镇攻城，时有所闻”。因此，该书的作用之一就是为政府清剿匪患提供地图上的指导。

除了对地震关注外，陈秉仁还不断尝试对浩渺的宇宙进行探索。在其长长的科研简历中，我们可以轻易地发现，这位气象学家、地震研究专家，也是天文研究的集大成者，在近代云南的天文研究史上，占有重要的地位。

1920年，他以历年研究所得，并由夫人刘德芳女士用丝线刺绣，在1.5米×2.0米的绸缎上制成了“昆明恒星图”，这是夫妻俩辛勤付出的结晶，可以说也是近代云南历史上首部天体地图。随后陈秉仁又在其基础上制成供观测天体星象用的“步天规”，这在近代中国天文学界是又一个重要的贡献。

陈秉仁所制“步天规”

如果说要在陈秉仁早期的天文学研究中找到一个标志成就的话，“步天规”应该是最具代表性的成果之一。

天体星象的观测，在中国已有3000多年的历史，《尚书》中就已有观象授时的记载，并对天体星宿定了名称。在漫长的探索宇宙的过程中，人们通过长期的观察，从天体星象的运行变化，认识了寒来暑往的季节推移，地球是绕日而行的，因而一年四季所见的行星不同，人们进行观测时，由于所在的经纬度不同，看到的星象也不同。东汉天文学家张衡发明的水运浑象仪，在一个大铜球表面刻上28宿和中外星官，球的外面有地平圈和子午圈，以铁轴贯串球心，用漏壶滴出的水力带动齿轮，齿轮又带动浑象仪，顺着地球自转的方向，绕轴旋转，一天一周，人在屋中看着仪器就可以知道某一星宿正从东方卝起，某星就要在西方下落。陈秉仁制作的

“步天规”，是用两个圆纸盘叠成，底面一个圆盘印有天体各个星系，上面一个圆盘则印有赤道线及黄道线，边缘印着一年十二个月的月日，按月日转动上面的圆盘，就可以知道当天有哪些星座出现在天空，按照“步天规”的指示，进行实际观测，完全一致。“步天规”的制作虽与张衡的浑象仪不同，但也有共同之处，即根据地球的运行来观测星象的变化。

云南历史上第一个状元，同时也是最后一个状元的袁嘉谷先生，曾经尝试在天清星朗之夜，执“步天规”，与陈秉仁同登观测小楼，一边仰望星空，一边与天文图书所记进行对照，发现所测之情况与书籍记载完全符合，袁嘉谷大为感叹，这是对陈秉仁成绩的最大肯定。

“步天规”制成后，由于其方便易用，研究天文的人都纷纷前来索要。而陈秉仁因筹不到大笔资金，无法大规模制作“步天规”，因此“步天规”竟没有得到推广。

由兼职到专职

由于对教育事业孜孜不倦地付出，陈秉仁受到了相关部门的重视，作为重点培养对象，陈秉仁得到了更多赴外地学习的机会。

时间一晃就到了1927年，从事教学工作已有十多个年头了，在这十多年的时间里，陈秉仁虽也在教学之余从事一些科研探索，但更多的只是作为工作之余的个人爱好，并没有以科研为生，不过就在这一年情况发生了改变。

1927年，民国政府在蒋介石整合下，实现了形式上的统一，这样的国内环境也使各省之间的交往更为密切。这一年陈秉仁受派到外地参观教育事业，这一活动原本是为了更好地从事教学工作，可不曾想，此次经历竟然成为陈秉仁一生的转折点。

民国时期，当然一直以来，江南、湖广地区是我中华教育重镇，所谓才子多出于江南，并非溢美之词，教育兴才可国势振，这是自古以来的常理。所以，此次陈秉仁所考察之地就也多是传统的教育大省。诸如江苏、浙江、湖北、河北等地成为考察地之首选。

此次考察之行，是陈秉仁继上次赴上海筹钱后的又一次离滇远行，不过此次的出行相比十多年前来说，显得踏实与自信了许多，想当年只身到沪对前途的一片茫然，如今的陈秉仁都已为师多年，在滇省和昆明已是小有名气。出行的目的不同了，心态也不一样了。但有一样东西似乎一直没有变，那就是内心深处对科学的向往与追求。虽然此次考察之目的是为振兴云南之教育，向文化更为发达的省份取经，但他却一直处处留心观察各地气候，时时做记录，或许这是常年以来外出考察已形成的习惯。总之，每到一处，必将自己所关注到的问题做详细记录，以备他日之用。

陈秉仁在考察过程中，都会特别去当地的一个地方参观，那就是观象台或天文台，但在当时的中国这两样东西并不十分普遍，发展也十分缓慢。经过一段时间的考察，陈秉仁痛感祖国的科学技术落后，于是立下献身科学的决心。使他感到更为痛心的是，近代以来列强不仅侵占中国领土，榨取经济利益，而且还垄断对中国科学的研究，以获得大量科学数据，为其进一步掠夺资源服务。就气象观测来说，德国在青岛，英国在香港，日本在大连，法国在上海徐家汇，都建立了气象观测台和观测网，这是莫大的耻辱！在我中华广袤大地上，中国自己的气象观测台却并没有被系统建立起来，想到这些情景，陈秉仁就暗自神伤。

近代中国气象科学的开端，最早可追溯到清廷用的西方传教士。诸如汤若望、南怀仁等早期耶稣会传教士通晓古代和近代的观象知识，具有良好的学术素养，他们为了在中国立脚，以便传播西方宗教、文化，不得不认同、尊重和迁就中国的东方礼仪。他们在中国传教宣道同时，积极为朝廷服务，利用观天和修历作为重要活动领域，成功地将西方宗教及科学技术带进中国。清康熙三十一年（1692），康熙皇帝正式敕准西方传教士在华传教，钦天监曾一度成为耶稣会传教士施展才华的领地。在气象科学方面，他们从欧洲带来西方近代气象知识和观测仪器，或亲自制造气象观测仪器，著书立说，积极推行西方观象技术。可以说，他们是西方气象科学知识的传播者，也是中国近代气象观测的先行者。

18世纪初，随着国际环境和欧洲资本主义的发展，一些传教会组织在中国开始变得傲慢和无礼。他们企图改变中国礼仪习俗，欧化中华民族，引起了清王朝的疑虑和不满，导致康熙末年以及雍正、乾隆、嘉庆三朝禁止传教，除了任职于钦天监的外国传教士以外，其余都被驱逐离开中国。但是，为了向外扩张谋求海外市场，掠夺殖民地，外国资本主义列强一直对中国虎视眈眈。19世纪40年代鸦片战争之后，各国列强企图瓜分中国，他们强迫清政府签订一系列不平等条约，在这些不平等条约中，不仅提出恢复西方各教会组织在华的传教活动，而且“给还旧产”，允许法国传教士随意在中国各地建堂传教，以美、英为主的基督教新教徒借机开始大批进入中国。他们中的一些人，一改早期传教士谦恭卑微的态度，在殖民者大炮军舰之威下，借传教布道之机，参与思想文化侵略活动，搜集我国的政治、军事、经济情报以及各地资源、物产、水文、地理、气象等各方面的情报资料。为了获得完整的气象情报资料，外国传教士开始在中国建立气象台站，或在各地设立的天主堂进行连续的气象观测活动，其足迹遍布大半个中国。除了北京地磁观象台、上海徐家汇观象台外，据不完全统计，从19世纪中叶至20世纪40年代，外国传教组织、学校和传教士在中国设立的气象观测站点有80余处。其中，许多教堂是受徐家汇观象台所托进行气象观测，有的地区的气象观测持续数十年。这些气象情报，不仅为来华各国商船提供服务，也为外国列强入侵中国提供了气象依据。

面对这样的情况，许多有识之士开始中国近代气象学的研究。国人最早翻译气象学著作的是华蘅芳（1833~1902），其曾在洋务派创办的江南制造局翻译馆做翻译工作，翻译的著作包括《气象纵谈》《御风要素》等；近代著名实业家张謇自掏腰包在江苏南通建立了中国第一个私人气象观测台，是为私人办气象之始。他们都力图唤醒人们对气象科学的注意，但终究没让这颗种子萌发。

读万卷书，行万里路，此次考察之行让久已心系气象研究的陈秉仁更坚定了自己的决心，也知道了自己的不足。昆明偏安一隅，竟不知国家科学之发展还如此落后。陈秉仁深感国家多难，中国积弱不振、备受列强欺凌的原因在于科学不发达，遂立科学救国之志。中国自古以农业立国，草木滋生，五谷繁茂，全赖气候适宜。南人食米，北人食麦，滇地多物产，均因气候环境而异，建立自己的气象测候所就显得如此重要。

于是，还在外地的陈秉仁心里就已在盘算着建立自己的气象测候所了，他决定告别教育事业，做个专职的研究员。关于这个决定，陈秉仁多年后在给一位友人的信中说道："科学工作至为艰巨，专门从事科学工作者，要不惜牺牲一切，精神物质享受，皆非所计，故聪明人多不愿作。有愿作者，亦多借为晋升之阶，猎取名利，若真以科学为终身事业者，必带几分傻气，虽常被人窃笑所不顾。秉仁生性愚拙，字号一得，即取愚者千虑，必有一得之意。”此后，他改名陈一得，这个名字从此以后在中国气象科学、天文及地震研究领域响彻南北，并为科学界所识。“愚者千虑、必有一得”来自司马迁《史记·淮阴侯列传》，说的是赵国名将李左车在兵败韩信后所发出之感慨，此后这句话屡屡被后人用来说明愚笨之人只要肯付出，一样会获得成功。陈秉仁并非真正的愚者，他只是对科学研究专一，当然这对很多人来说，或许就是愚的表现。先生虽以愚者自称，收获的东西并不只有一得。之后，陈秉仁之本名渐渐地被人忘记，取而代之的是陈一得。从改名字开始，立志以科研为一生之追求，这就是他的态度。

要建自己的气象观测所，购买设备是关键，此时的他虽已为师多年，但收入也并不是很多，要靠个人之力购买观测气候所用的所有设备，实非易事，要负担这么大笔钱，确实是需要慎重考虑。此时的陈一得相比刚刚走上工作岗位时要宽裕很多，姐姐和弟弟也早已各自有了工作，不再需要他的资助，而家里除了自己的工资外，妻子也是学校老师，有不错的收入，所以负担并不是太重。想想这些，陈一得觉得还是可以承担购买部分设备的费用。于是在一番思想斗争后，陈一得做了最后的决定。之后，他开始托人购制气象仪表，并最终如愿购得。

设备已经购得，可谓万事俱备，只差回家寻找一个观察之所了，测候所选在什么地方呢？可能很少有人会想到，他选的地方竟会是自己的家——昆明钱局街83号。

小巷科研所

钱局街，一条流淌着许多动人故事的小巷。在这里，他开始了自己人生的科研之路，也是在这里，他找到了自己人生为之奋斗终生的事业。

私人测候所

钱局街，位于风景秀美的翠湖边，这条在清代因铸钱而得名的街巷，在其并不长的历史轨迹中，却与许多名人大家产生关联，无数脍炙人口的文人趣事在后人的不断演绎与诉说中变得颇具魅力，像一块吸铁石一般将无数后人的目光聚集。陈一得先生就是这众多人文元素中一个十分关键的部分。

清顺治十七年（1660），清政府在昆明开设了“宝云钱局”，铸造国家货币，钱局街的名字由此而来。老昆明有句歇后语：“钱局街的烟囱——二气”，“二气”是昆明人形容某人言行不符合常态情理的话。“二气”和钱局街联系起来，是因为很早的时候钱局街上有一座云南的造币厂，里面有两根烟囱，浓烟不断。这也是属于老昆明自己的独特记忆了。

钱局街在清代时，毗邻云南省高等学府和云南贡院，到民国时期，又接近西南联大和云南大学，所以这条街上居住过许多文人，而这些文人留下的许多趣事逸闻，也让这条有着上百年历史的老街更具生机与活力。

那么，陈一得与钱局街又有些什么故事呢？这还得从陈一得先生从事的气象事业开始说起。

陈秉仁在读书及之后的工作中一直对气象研究心有独钟，在兴趣驱使下，陈先生进行了大量的气象观测和研究的前期准备，并自掏腰包到外地学习考察，游历祖国山川。

在1927年的考察过程中，陈先生购买了大量器材，打算回昆明创办自己的气象测候所。而这云南历史上第一个由私人建立的、专业的气象观测、研究机构，就设在钱局街陈一得的家中。

关于陈一得在钱局街的住址，一直存在各种不同版本，有的文章写先生住钱局街53号，有的写80号，一时搞不清楚到底哪个是正确的，笔者曾亲赴钱局街考证，然时过境迁，当年的老建筑早已不见了踪影，问及周边住户也无人知晓，似乎不可能有确凿答案了。然一次机缘巧合见到陈先生民国时期与好友往来的书信，来信明确写明地址是“钱局街八十三号”。此问题才终得解决。故在此不惜笔墨交代一番，以正视听，以免以讹传讹。

1927年7月的昆明，处处散发着花儿香味，树木郁郁葱葱，一片生机盎然。

回到昆明的陈秉仁，将气象测候所筹划建在自己家中，一方面是因为自己花重金购买的器材不能随便放在外面。另一个更重要的原因是，在家中方便自己做观测记录。在一切皆准备妥当后，私立“一得测候所”的牌子就在自家门口挂了起来，就这样，云南历史上第一个私人气象测候所悄悄建立了，没有隆重的仪式，也没有政府的批准，其所长及工作人员只陈一得一人而已。后来渐感个人力量不足，又拉上了妻子及家人。

测候所设主任1人（陈一得亲为主任）、测算员2人、助理员1人，共四人，这四人分别是陈先生妻子、堂弟陈仲仁、义子陈永义，工作人员均不支薪。初次观测分早中晚三次，时间是七时、十二时、十八时，后来随着测候所渐入正轨，观测时间改为六时、十四时、二十一时。观测项目有气压、气温、湿度、蒸发量、能见度、云量云状云向、风向风速、降水量、天气现象等。主要观测仪器有水银气压表、空盒气压表、自记毛发湿度表、干湿球温度表、最高最低温度、表风速计、雨量计、蒸发器等。除测气象，入夜还择晴空以观测天星，这样一干就是10年。

“一得测候所”工作人员

可这个测候所怎么看都觉得别扭，在当时的人看来，它更像是一家子人在进行的某种秘密活动的场所，让人既感好奇，又觉神秘。严格意义上说，它就是个标标准准的“家庭气象站”，全家人都参与到了气象观测中来。后来，中央大学地理系调查团教授参观测候所，被陈一得一家人专心做科研的精神打动，称他的测候所是“科学化之家庭，硬干苦干的机关”，评价甚高。

测候所以气象观测为主，但也进行天文观测研究，后来成为全国著名学者的楚图南先生，回忆自己在昆明联合中学上学时曾对他的这位恩师记忆犹新：“在昆明联合中学上学的日子里，我印象最深的是教国文的缪季庵老师和教数学（当时叫算学）的陈一得老师。陈老师除了认真指导我们学习数学外，业余时间全部用在天文观测研究上了，他住的阁楼上，塞满了他用铁丝、镜片等简单材料制作的各种观测仪器，陈老师和师母（刘德芳女士）就这样一面以教学为生，一面坚持他所喜爱的天文研究，一生清贫淡泊。除了事业的追求外，几乎什么都忘了。”

钱局街上的故事还有很多，这里居住过革命斗士、文坛巨匠、用生命做“最后一次演讲”的闻一多先生；居住过晚清云南第一位慈禧御用女画师缪嘉蕙；还留下云南工业巨子缪云台生活的痕迹。但如今，钱局街的西仓坡早已回归宁静，闻一多先生的鲜血也早已被那夜的大雨洗净，穿过小巷上空爬山虎织成的树荫，只有“闻一多先生殉难处”的纪念碑，默默地向游客诉说着这段历史。取而代之的是从街头到街尾紧紧地排满了的铺子，清一色地卖服饰、化妆品和女孩子喜爱的居家日用品，似乎是找不到了当年的一丝印记。岁月的特征总是在悄无声息中改变，钱局街历史中那些阴霾与惨痛的往事，已逐渐被挑选一衣一帽一饰一物的女孩们银铃般的笑声抹去。当年的铸币局已无可追寻，在这个号称小资天堂的商业街中，只有聚宝盆的气场保存了下来。只是，不知还能否听到，旧岁月里，银币碰撞时那一串清脆的响声呢？

钱局街，历史悠久，文化深厚，它是老昆明留给时代的记忆，也是老昆明人不可释怀的文化传承，今天，站在钱局街街头，仍有某种气息在散发着其独特的味道，这种味道是它特有的，也是唯一的。

陈一得用自己的坚忍与努力，创造了中国气象研究的一个奇迹，为这条充满了历史与人文气息的街巷平添了许多科学色彩。

“中国第二”

陈一得创建的气象观测所也是当时中国第二个私人气象观测所。而相比于陈一得的气象测候所，中国第一个私人气象测候所的创建人则大名鼎鼎，此人正是清末状元、著名救国实业家张謇。他所创立的江苏南通军山气象台，是中国近代史上首个由中国人自己创建的气象观测所。

南通是我国近代气象事业的发祥地。光绪三十二年（1906），著名实业家、教育家，中国气象学会第一、二届名誉会长张謇创办“南通博物苑测候室”，1916年10月在此基础上建成“军山气象台”。军山气象台建于军山之巅，故名。其前为普陀别院旧址，风景优美，宛如墨画。张謇曾为气象台作对联“仰窥象纬抬头易，自有云雷绕膝生”，正是对气象台所处位置的绝佳写照。

军山气象台是国人自办近代气象事业的开始，被称为“中国私家气象台之鼻祖”。气象台以四角红瓦为顶，从军山脚下望去，宛如翠木林中一朵盛开的红莲。登上气象台，视野极为开阔，西望狼剑诸山，南瞰长江，波涛无垠。气象台台内装备有风向风速自记机，自记雨量计，福尔墩气压表，勒母勒聚氏天气预报计等当时国际上先进的气象仪器，并装有电话和无线电台。1917年1月1日，气象台开始观测。该台不仅测雨量、风向、气温、湿度等气象数据，还测报潮汐和天文数据，而且展开南通气候研究等科研工作，并创办了气象季刊。20世纪20年代，该台自制的赤道晷、雨量器、日照计、指星仪先后在南京和上海举行的展览会上获奖。从1918年起，气象台每年编年报一册，发表一年的观测记录和研究成果。这些附有英文的刊物与40多个国家的气象台交换。该台第二任台长陈潘曾回忆：“当时军山气象台之设备，国内固属仅见，国际间亦有相当声誉，曾列入英国出版的国际气象台名册中。” 当时，气象台每天在南通报上发布天气预报，这是南通乃至江苏气象史上的第一页。气象台还根据观测和科学研究成果，展开科学普及工作，解释气象现象，破除迷信。1926年7月，张謇逝世后，气象台更名为“南通学院农科军山气象台”，1935年1月又由江苏省建设厅接管。1938年春，日军侵占南通，气象台遭严重破坏，大量珍贵资料、设备被日寇抢夺、损毁，气象台破败不堪。1949年5月1日，气象台恢复测候工作，并持续至今。

应该说，张謇先生是幸运的，他的气象观测台惠及后人，也让后人记住了这位多面全能的清末状元。

陈一得也是如此。

在钱局街的星空下，陈一得以自学所得的气象天文知识，上观天象宇宙，探究天文气象之万象变迁；俯瞰大地苍生，为民间疾苦而苦思冥想。除白天测气象、夜晚观星空外，还时时关注地震研究。有一次，他根据自己的研究结果做了一次地震预报，可惜不准确，之后，妇孺见他就讥笑：“看，这就是地震老爹（昆明方言对中老年男子的称呼），害得我们白白露宿两昼夜。”陈一得先生毫不气馁，吸取失败教训。后来亲到日本考察地震研究及设备，受益匪浅，并通过查阅历代有关云南地震资料，实地调研探索历次地震活动的成因、规律，撰写研究文章。将地震分为三类：火山地震、断层地震和陷落地震，并发现了地震与天体运行的关系。先后写下了《滇西地震带》《云南地震之史的考察》《道光十三年云南大地震之研究》等数十篇科学著作，为发展云南的天文、地震、气象事业打下了坚实的基础。

“一得测候所”成立不到一年，由于气象资料事关军事、国防，立即引起国外注意。河内法立测候所随即来函，许下重金交换气象资料；1932年，天津日租界气象台为侵华做准备，也派人员到昆明洽谈高价收买气象资料事宜，均遭陈一得拒绝。陈先生之爱国情怀一刻不曾减退。

“一得测候所”建立后，陈一得与自己的妻子、堂弟等人坚持每天做记录，他倡导气象测报“第一要有恒，第二要能耐劳，第三要忠实”。他是这样说的，也是这样做的，无论刮风下雨，坚持每天做气象观测，并对数据进行统计分析，编制月报、年报，在获得一些结论后，又无偿地提供给有关单位参考使用。他自己制作了100多种统计图表，每年定期编发《昆明市气象年报》等，对各项气象要素都做详细整编出版，并发送昆明市政府、国立中央研究院气象研究所、徐家汇观象台等著名气象台站，就连中华书局的农业气象学中关于昆明的资料，也是来自于“一得测候所”的记录，此后，陈一得的声誉与日俱增。

1930年7月，陈一得的《昆明市之雨量》在《一校农刊》上发表。在这篇文章中，他首次把定量分析引入云南气象学，第一次使用他的雨量观测资料，结合季风现象，讨论了昆明雨量的年变历程及其原因；并发表了《民国廿年水灾与天气》（1931年）、《昆明气象与天文观测》（1937年）、《云南气象要素之分布》（1938年）、《最近十年昆明气象统计手册》（1939年）等重要论著。

从1927年7月建所，到1938年5月，该所迁往西山之巅的太华山，观测工作才停止。“一得测候所”坚持工作十多年，为昆明市乃至云南省保存了一段珍贵的、十分规范的历史气象记录。陈一得在钱局街的气候研究一干就是十余年，这十余年的岁月里，陈先生头顶生出了许多白发，眼角的鱼尾纹也越来越多，但他坚持做科研的决心一直未曾改变。

首创观测所

从私立“一得测候所”到省立气象观测所，从自封所长到省政府任命的省立气象观测所的首位所长，变化的是称呼，不变的是对气象研究的钟爱。

访学中央研究院

“一得测候所”建立以后，陈一得坚持每天做观测、做记录，时时不敢松懈，可谓呕心沥血，默默付出。然而，由于未受过专业训练，他经常感觉知识不够用，遂萌生到专业机构学习的想法，只有经过系统的学习，才能做好气象科学研究。

1931年年初，大地刚刚开春，陈一得就踏上了赴南京学习的旅途，这是他距上次外出考察教育4年后的再次外出，此次的外出又是完全自费，他拿出自己10余年的积蓄，赴南京气象台进修，参加由中央研究院气象研究所开办的专业学习班。

南京乃是东南形胜之地，有六朝古都之美誉，是金粉富庶、龙气萦绕之地。也是国民政府的首都，是当时全国的政治、经济和文化的中心，同样也是科研活动的中心。

南京气象台于1928年6月开始建造，并于同年12月竣工。说起来还没陈一得的气象测候所建立时间早，但这毕竟是国立中央研究院气象研究所所在地，代表的是当时中国气象研究的最高水平，而主持这座气象台的就是著名的气象学家竺可桢先生。

说到竺可桢，中国人几乎无人不知、无人不晓，这位成绩卓越的气象科学家，被称为中国现代气象研究的“教父”，此时的他正任中央研究院气象研究所的所长，1930年4月，在南京召开了首次气象会议，与会代表表50余人，竺可桢被推举为会议主席。应该说这段时期是气象研究所最为活跃的时期，此时的竺可桢将自己的所有精力都投在了气象研究上，而就在不久后，因应蒋介石相邀任浙江大学校长，从此开始了他长达13年的教学行政工作，搞行政是很费力、费时的，正如他自己在多年后说的那样，多年的行政工作竟使自己已经慢慢看不懂气象学术论文了，这是后话。但在任浙大校长之前的岁月是竺可桢气象学研究的黄金时期，也是中国近现代气象学研究的黄金时期，陈一得此时来南京学习也是最适合的。

中央研究院气象研究所建立时间并不是很早，1928年6月9日，国立中央研究院才正式成立，下设八个研究所，气象研究所为八所之一，研究所一成立竺可桢就任所长，而气象所的地址就选在南京钦天山。南京钦天山是古代中国观测天文的钦天观测台所在地，早在南朝刘宋时期就设有日观台，又称司天台，是世界上最古老的气象台之一。明朝时期，在这里设有钦天监，观察天文气象，其优良精巧的设备，令外国传教士叹为观止。明万历二十六年（1598），意大利人利玛窦从广州进入南京，在他的日记中曾有一段南京钦天山观星台的记载："除京师以外，南京也设有钦天监观星台，此台以建筑宏伟著称。城之一隅有小山岗（指鸡鸣山），然仍处于城墙之内。上有平台，宽阔宏敞，颇适于观测之用。四周屋宇壮丽，乃昔年所建。司天者夜夜鹄立于此，以察天象。无论星殒、慧孛，皆详记奏闻。所陈仪器皆铸以青铜，制作精巧，装饰华美，其宏伟雅致非欧洲所能匹敌。”并对其“极叹美之”，“纵观台宇犹及考见天球、日晷、相风杆、浑天仪，简易诸器，观摩叹赏，得未曾有，盖明虽北迁燕都，而钦天监之利则远不如南京之美备”。说明当时南京观星台已有相当规模，并为欧洲所不及。

清康熙八年（1669），南京观象台之绝大部分设备迁移到北京，从此，观象台衰落，只具虚名。清咸丰三年（1853），太平军攻占南京，观象台建筑物在战乱中尽遭破坏。

到1928年9月30日子夜，气象研究所南京的地面气象观测由山下移至北极阁山上（海拔67.9米），此即气象研究所钦天山气象台，也称北极阁气象台。

南京气象台建在石砌平台上，六角形，上下共4层，高约14米，钢筋混凝土结构。底层四周为柱式外廊，有6根巨大的圆柱；上面三层都建有混凝土栏杆。气象台内设有旋梯通向每层挑台和顶层平台。它是我国现代第一座国家气象台。

竺可桢在任气象研究所所长期间，一直致力于建立中国气象学研究体系，体系之所以称体系，就得由许多人、各个地方的研究共同组成，而不只是一个气象研究所，所以要想建立中国的气象观测、研究网，就必须培养、训练有专业素养的专业人员。1929年3月11日，研究所创办第一期气象专业学习班，这是中央研究院气象研究所为培养中国气象人才而做的首次尝试。此后到1936年共开办四期，培养学员共计123人。而陈一得就是在这样的背景下来到了南京。

在南京进修的日子里，陈一得不仅天天可以参观南京气象台的观测活动，而且可以向更多的学者交流学习。当时的气象研究所不仅有竺可桢这样的权威专家，还有许多气象观察员，而这些观测员后来很多成为中国气象研究的领军人物，比如刘治华、沈孝凰、全文晟、黄厦千等，在与他们的交流中陈一得可以很好地弥补自己的不足，这些条件在昆明都是不具备的。在气象研究所学习将近半年后，陈一得离开了南京，但他却不着急返昆，他想去其他地方走走看看，亲自体验中国的气象研究到底发展得如何，毕竟眼见为实，且亲眼所见的信息来得更直接也更深刻。

离开南京后，陈一得走访的首站就是上海，这座20余年前自己参加辛亥革命的城市，对他来说有不一样的情节，想起年少时的豪情万丈，如今的自己淡定了许多，看轻了大千世界的浮华与奢靡，这东方最繁华的大都市对他已不再有任何的吸引力，只有一样东西像一块巨大的磁铁牵引着他向上海走来，这块“磁铁”就是上海徐家汇气象台。

近代气象科学是在18世纪、19世纪随着西方传教士的来华而传入中国的。徐家汇气象台是中国沿海首座天文台，最初为天主教徐家汇天文台事业的一部分，后因气象业务发展较快而独立。

徐家汇的来历与明代著名科学家徐光启有关。晚明时期，文渊阁大学士、著名科学家徐光启曾在此建农庄别业，从事农业实验并著书立说，逝世后即安葬于此，其后裔在此繁衍生息，初名“徐家库”，后渐成集镇。因地处肇嘉浜与法华泾两水会合处，故得名“徐家汇”。第一次鸦片战争后，法国天主教耶稣会为扩大传教任务及在华利益，派遣一大批传教士入驻徐家汇，并兴建教堂，创办学校，传播西方宗教文化，使徐家汇成为西方文化输入的窗口。1873年，法国传教士高龙鞶（Colombel）在此创建了上海徐家汇气象台。最初的天文台只是几间简陋的平房，1880年加高一层，并建起33米的木塔，塔顶装风向风速仪。随着气象业务的发展，1899年在徐光启墓东首（今

徐家汇气象台

上海市气象局）辟地建筑新台，两年后落成迁入，即后来举世闻名的徐家汇天文台。新建的气象台外立面为灰色清水砖墙、圆拱券窗，窗框和窗下用红砖装饰，局部墙身带有齿形饰，部分窗框由红砖砌筑成隅石状。平台及室外楼梯采用古典式宝瓶状栏杆。大楼为三层罗马式建筑，高17米，在大楼中央建砖木结构的测风塔，顶高40米，安有贝克莱风向风速仪。主楼楼面还安有法国伯爵夫人赠送的大钟一座，逢刻奏乐，遇时鸣钟，为周围居民报时。

徐家汇气象台建成以后，在气象科学方面卓有成就，创造了不少全国之最。20世纪后成为世界最大的私立气象预报和研究中心。业务范围北至西伯利亚，南到马尼拉，东起日本，西达印度半岛，各地分设50处分台，成为远东权威气象机构。

由于经费等方面的原因，陈一得不能在徐家汇待太长时间就得匆忙赶往下一站，进行下一个实地考察。但即便如此，徐家汇气象台还是给陈一得留下了深刻印象，这可以从几年后，仿照徐家汇气象台的外形建昆明市气象测候所就可以看出。匆忙结束上海之行后，陈一得即赴江苏南通，这座诞生了近代中国首座私人气象测候所的城市，对陈一得也有别样的意义，他是第二，就得去看看人家第一是什么样。一路前行，一路观察，并时时做记录，思考着各种问题，这基本是陈一得走访各地的全部写照。之后陈一得又先后走访了武汉、北京、天津以及青岛等各地的天文、气象、地震观测台，从南到北，行程数千公里，就像一个宗教信徒向着圣地不断朝拜一般，陈一得每到一个气象观测地就驻足不前，待上几天。到青岛时，陈一得基本结束了此次外出学习考察的全部旅途，是该回家的时候了。但若沿原路返回，则必花费巨额费用；若走海路，从青岛登船，到香港、赴越南，再由滇越铁路回昆明，则要节省不少费用，且在当时这也是较为便捷之路，于是陈一得选择走海路回昆。

如此安排后，陈一得登上了轮船，不过就在登船的一瞬间，他做了一个决定要去邻国日本看看，这突然的改变，使他的行程受到了影响，为办手续在青岛多耽搁了几天。在青岛办理完各种出国手续后，才正式踏上了他的这次出国之行。其实，陈一得想到日本去看看并不是突发奇想，这是他多年来一直想做的一件事情，无奈各种条件不成熟，一直没有机会，如今可以有这样的条件，自是不能错过。再说日本在明治维新后，走上了亚洲强国之路，其科学研究也走在亚洲前列，到日本学习人家先进技术实为当时中国多数知识分子的普遍想法。更为重要的是日本是山岛之国，地震频繁，其地震预防研究在全世界也是做得比较好的，这些都是吸引陈一得不辞辛苦执意前往日本的原因，或许还有了却当年未曾出国之心愿吧！总之，带着复杂的心情陈一得踏上了日本的国土，开始了他的国外考察。

此时的日本正加紧为全面侵华做准备，在日本的陈一得也可以明显地感觉出来，愤愤不平的他也无可奈何，身在异乡为异客，更何况是在他国呢！如此，他的这趟考察之行比预期的要快得多，心情也更为沉重，在东京、横滨参观了一下当地的气象台与地震研究所后，陈一得迫不及待地踏上了开往香港的客船。身在敌国，一刻也不愿久留。到香港后，陈一得换乘客轮赴越南，由越南走滇越铁路回到了昆明。由此而结束了自己长达半年多的在外学习考察之旅。

这次考察经历，是陈一得科研事业上不可忽略的一笔财富，通过在南京气象研究所的专业学习，弥补自己长期以来对某些专业知识的缺乏，也提升了自己的眼界，此后他号召建立全省的气象观测网，也是这次考察中的一个重要收获。此外，在考察中，陈一得目睹了长江流域大水灾的危害，回昆后写下《民国廿年水灾与天气》一文，他在论证大水原因时，将成因分为两类：一、水灾的直接原因在于长江流域连续发生的低气压，它导源于太平洋的台风，助长于印度洋的季风，造成极地南下的寒流，在高空形成强大的辐合区，经冷空气触发而暴雨成灾；二、影响因子有1928年日斑最盛、海面增温等。这是一篇用气象知识合理解释水灾发生的经典之作。文章对加强水文气象预报、疏导河流、修筑堤坝、保持水土等也给予了充分的重视。

此后数年间，陈一得不仅依旧做着自己的本职工作，还与云南大学合作，参与了对云南第一天文点的实测，为云南天文事业做出极大贡献。

太华山气象站

如今，到过滇池的人都知道西山，但知道西山却不一定都知道，在这西山主峰太华山之巅，矗立着一栋巍峨的建筑，它的名字叫“一得楼”，这是为纪念云南气象研究先驱陈一得先生而命名的。它也是如今的太华山气象站的主楼，民国时期的省立昆明气象测候所，而它的创建人就是陈一得，他也是这座气象观测所的首任所长。

“一得测候所”成立不过一年，就引起了法国人的注意。1928年，河内法立测候所来函，许重金交换气象资料。陈一得以事关国际外交，请省教育厅呈报省署求示，市政总督张维翰得知后，将“一得测候所”饬令为“昆明代用测候所”，拒绝了法国人的要求。九一八事变发生以后，日本帝国主义大举入侵我东北地区，昆明各阶层人士为抗议日本侵略暴行，闭市罢工，志哀国耻。中小学生上街游行示威，沿途高呼口号：全省民众团结起来！打倒日本帝国主义！一致誓死抗日！对日宣战！虽地处西南，但昆明人民的爱国之情同样让人动容。消息传来陈一得悲愤万分，写下“关檄惊传九一八，一朝毒焰袭中华，百年国耻愈增痛，坐令国人半失家”的诗句。半年后即1932年1月28日，天津日租界气象台为侵华准备气象资料，派员来昆，商讨高价收买气象资料事宜，无耻的日本人侵我国土，竟还妄想从先生手中购得气象资料，被陈一得严词拒绝。

1936年5月30日，当时中国最高权力拥有者蒋介石以行政院长的头衔，在《行政院请克日设法筹办测候所训令》中指出，“按气象事业关系农村水利鱼航各项建设，均极为密切。目前航空发达，高空测候需要尤切”。并指出“惟气象事业之重要，全在预报天气之准确，而预报天气之准确，全赖各地测候设备之密布”。应该说蒋介石是很有先见之明的，日本侵我中华狼子野心昭然若揭，而昆明日后必然成为抗战大后方，抓紧建设相关设施也是为将来做打算。蒋介石在训令中还指出“以欧美先进诸国测候所星罗棋布，固不待言，即如日本一国，其测候所已达一百五十余处，我国土地数倍于日，应设测候所数量之比例，虽不能聚跻于彼，亦至少应有一二千所，方足于资汇察”。正因为有紧迫感，于是才令云南省政府“克日设法筹办测候所”。省政府并将此任务交由省教育厅筹办，而具体执行则交由陈一得负责。

陈一得领命后与另一位气象观测人员全文晟投入测候所的筹建工作中。他将建设太华山这个云南第一山的气象站作为实现自己夙愿的基点，全身心地投入到工作中来。身为负责人，陈一得亲自坐镇太华山，现场指挥民工施工。太华山是西山的主峰，苍秀端庄，气势雄伟，古木萧林，幽篁冷云。唐代樊绰在《蛮书》中称它“山势特秀，池水清澹”；明代杨升庵在《云南山川志》中也说它“苍崖万丈，绿水千寻，月印澄波，云横绝顶”，是

"滇中一佳境也"。到了明朝崇祯年间，有名的地理学家徐霞客来到云南游遍全山并写下了《游太华山记》，细腻地描述了它的各处名胜特点，特别指出山势"攀崖蹑峻，愈上愈奇，而楼、而殿、而阁、而良皆东向临海，嵌悬岩间"，用笔不多，却形象地展现了西山各种景物的特色。清代薛绍濂在《太华山诗纪序》中也说："滇南（滇池以南）太华，连络诸峰，秀拔千寻，总曰西山，妙环昆海三百余里。山借水色，水映山光，云鬟雾髻，烟鹭沙欧，游泳浮沉，天然团画。可以阔胸襟，涤尘心。凭高远望，海阔天空，恍然羽化而登仙，洵省垣之大观也。"这是昆明海拔最高点，也是最适合做气象观测研究的地方。

由于不久前，陈一得曾到上海的徐家汇天文台做过考察，对徐家汇天文台的外形设计及整体构造印象深

曾经的昆明气象测候所，如今的一得楼，现为云南省气象博物馆。照片由作者实地拍摄

刻、情有独钟，于是，此次全面负责测候所的规划与设计，陈一得得以将自己的想法加以落实。他提议仿照上海徐家汇气象台而建，于是就有了这栋3层仿西式建筑，这栋建筑面积286平方米的小楼，也是当时云南最好的气象观测台之所在。如今我们依旧可见到那座已经矗立于西山之巅近80年的气象台，还在发挥着它的功能。

1937年4月6日，太华山气象测候所竣工，次年5月，陈一得先生将自己在钱局街的“一得测候所”迁至新址昆明太华山，原“一得测候所”亦停止观测。测候所建成后，陈一得为首任所长，所长有委任之权，于是委任陈遵民为测报主任；赖钟岳、石大薰、葛德荣、陈永义为测候员。所长5月25日到任，6月1日上班，开始全面工作。为了办好这个气象测候所，他重视规范化管理，亲自拟定了云南省立昆明气象测候所组织简章、观测细则、办事细则和参观规则，建成了一套完整的规章制度。

气象站建起来了，可陈一得的麻烦紧跟着也来了。气象站建在太华山上，与山上的寺庙因土地纠纷起了冲突，4年后土地纠纷才得到妥善解决。土地纠纷还没解决，气象站的经费问题又摆在陈一得面前。民国二十七年（1938年）物价上涨，全台的经费只有三百元，除发职员工役的薪饷及公报的印刷费外，所剩无几，他自己应得的三十元薪金，还常常贴到《气象月报》的印刷费里去，根本没有办法开展工作。政府机关在别的方面，动辄成百上千万，独有在科学工作上，力求“减缩”，因此，陈一得先生在几十年的奋斗中，深深体会到：封建势力、官僚政治，实在是中国科学工作的最大阻力，他极痛恨这“阻力”，也极痛恨这把“人”不当人的社会！

昆明测候所建立了，但陈一得并不满足，他的愿望是建设云南气象观测网，早在多年前，陈一得就对当时滇省国人不重视气象研究给省政府上书，希望政府在保山、开远等地设立气象测候所，并建立起全省气象观测网。建议书中有这样一段话：“我国西南西北疆域辽阔，大于日本、越南数倍，气象测候机关尽有斯文赫定（瑞典人，曾盗走我国大批敦煌壁画）在新疆设立之测候所，英国在腾越、重庆设有两个测候所，较多的法国殖民政府自1907年在滇越铁路一带成立云南府气象台、蒙自测候所……外国人如此注意我国之雨量气候，而我国科学不竞，文化落后，实为吾辈人士羞。”这段话既是对列强侵我主权的强烈抗议，也是对建立全省气象观测网的迫切渴求。他知道建立系统的气象观测网对一个地区、一个国家的重要性，曾说：“欲谋云南全省今后农业生产、军事、航空、学术、卫生、工业建设等之进展，俾得有科学上之参考，非广求各地实测气候资料不为功。”在太华山气象站工作的同时，又为丽江、宁洱、腾冲3个测候所及宣威、陆良、路南、广通、永仁、墨江、澜沧、龙陵、瑞丽等9个代中央研究所设置的雨量站操心。在陈一得的不懈努力下，到云南解放前夕，终于将50余个站点的气象资料汇于一书，使我们能对民国时期全省的气象情况有一个全面的了解。

如今，大华山气象站依旧巍峨地矗立在西山之巅，见证着时间与岁月的流逝，也见证着陈一得先生的功绩。

1988年气象站主楼“一得楼”被昆明市政府列为区级文物保护单位，1993年又被云南省政府公布为省级文物保护单位。2012年，云南省考古研究所等相关单位应太华山气象站委托对“一得楼”进行修缮，使这座80多年前的建筑再次绽放新的光芒。

风雨无阻做监测

测候所竣工之日，也就是陈一得一家人搬离市区之时，在钱局街住了那么多年，如今要举家搬到山上，确实让人不舍。而一个不可忽视的细节是，此时的陈一得已经年过五旬，妻子刘德芳女士的身体也越来越差，人到老年当享清福，而陈一得却还要去山上吃苦，这并不是所有人都可以做到的。妻子也已到退休年纪，本可在家安享晚年，却还是一心跟着丈夫，哪怕再苦也没有半点怨言，这就是平凡夫妻的不平凡之处。

1938年5月，陈一得和妻子一起搬上了山，这座昆明人心中的美人山也就成为陈一得的新家。

搬上太华山后，陈一得与妻子以及其他工作人员一起，每天起早摸黑，时刻关注着各种气象要素的变化情况。山上海拔高，气温低于市区，每到冬天，寒风阵阵地刮，冻得人瑟瑟发抖，即便这样，测候所的工作人员仍须长时间在户外蹲守，陈一得和妻子日渐消瘦了，特别是妻子身体本就不好，在山上的日子让她身体也越来越差了。

西山之巅山高林密，冬天严寒，夏天多雷暴，不时还有土匪出没，山上一无水，二无电，饮水均自半山腰用马驮运，粮油蔬菜食品等得到西山脚下的高峣、苏家村附近向农民采购。就在这样艰苦的条件下，测候所依旧获得了大量气象、天文等方面的实测资料，没有吃苦的精神，没有为科研奉献的精神是万万做不到的。正如陈一得之前所说的那样："专门从事科学工作者，要不惜牺牲一切。精神物质任何享受，皆非所计。"

在观测气象天文余时，他还注意收集我国古代气象学知识和民间气象谚语，整理民谚300多条编写成《云南气候谚语集》。上山一年后，陈一得又将自己在钱局街做的观测记录汇编成册，于是《最近十年昆明气象统计册》出版了，这是他蜗居钱局街十年的成果，为后来研究民国时期昆明气候提供了翔实可靠的第一手材料，对还原历史时期气候面貌有非常重要的价值。

为适应抗战的需要，以科学研究为己任的测候所自1937年起，应中央航空学校气象台之约，增加了按时提供海平面气压、发航报的服务业务，并于1940年5月23日将开展此项业务的计划填进《全国学术机关概况表》里。陈一得后又撰写《航空气象学》教材，亲自主编《教育与科学》杂志，培育航空气象人才，并发现"台风力强，可达

陈一得与测候所工作人员，第二排中者为陈一得，照片由云南省气象博物馆提供作者拍摄

云南”等新事例，为云南气象事业研究翻开新的篇章。

陈一得有关水灾与天气、云南雨量之分布等研究成果印制发行后，引起了一些人的注意，这其中就有美国人和奥地利人。1943年，奥地利的科学家来到昆明与美国驻昆明领事一道参观了陈一得的测候所，都对其精确的记录感到惊奇。参观之余，美国人更想从此获得大批气象资料，于是许下重金要收买。这是外国人第三次向他索买气象资料了，面对美国人开出的巨额诱惑，陈一得不为所动，再次严正拒绝美国人的要求。

抗战一起，外省迁云南的机关多如牛毛，有些学者因需要云南气象数据作参考，要找陈一得；有些军事机关因为飞行的关系，要查看云南的气象，要找陈一得；有些是要开发矿产、开发农业、开发水利的机关要明了云南气象也要找陈一得；甚至有些太太、小姐、公子哥儿为了“贵体”能适应昆明的气候，也要找陈一得问一些天气最冷最热是几度，空气湿度是多少，因此，在陈一得位于钱局街83号的住处，几乎常常可看见各色各样的人去拜访先生。如果说这些是陈先生意外的收获，那么，我们不要只看到收获时的喜悦，更应该看到他多年来的艰辛！

西山之巅风景美如画，生活却极为不便。笔者为查找陈先生之相关资料，曾两次徒步从西山脚下向山上攀登，亲身体验了高山生活的不易。从山脚到太华山顶有将近10公里的路程，今天生活在山顶的百姓仍时感不便，搬运生活用品及粮食十分费劲。而在当时，路况条件更是与现在无法相比，所需物资必须靠人背马驮，别无他法，就是在这样艰苦的条件下，陈先生和他的妻子在山上一待就是十年，这十年的岁月说短也短，说长也长，对短短人生数十载来说，这十年是过得挺快的，但对于生活在山上的每天、每个小时、每一秒钟来说，又是十分漫长的。我们现在已无法想象当年的陈先生是如何克服种种困难，埋头于科研之中的了，我们只知道他在上面生活了十年，十年是一个冷冰冰的数字，但在这冰冷的数字背后，藏着的是一颗滚烫的心，一颗单纯的心，一颗为科学研究不怕辛劳的赤子之心。十年代表什么？代表的是岁月流逝，代表的是陈先生已不再年轻，代表的是社会的进步与物质条件的改善，而他却依旧过着清贫、节俭的生活，贫贱不能移，说的就是这样的精神。

在云南省气象博物馆中，至今还保存这一些先生当年使用过的生活用品，比如吃饭所用之锅碗橱柜、驮马所用的鞍架等，虽已是破旧不堪，却是先生当年艰苦生活的真实写照。

云南省气象博物馆中保留的陈一得先生当年使用过的饭桌，作者拍摄于气象博物馆

从1937年上山到1946年下山，陈一得先生在山上一待就是十年，短短人生数十载，有多少十年可供奉献，但这就是他的选择。人常说十年磨一剑，可对陈一得来说，自己的一生都只在磨一把剑，而这把剑确实磨得太过辛苦，也太过漫长了，这人生旅途之中，多少在外人看来精彩纷呈的风景他都错过了，但他却充实在自己的研究之中，这又是他人所不可体会之收获。

下山以后，陈一得并没归隐，而是同妻子一起，返回久别的故乡，应盐津乡亲所聘出任《盐津县志》的编纂主任，他实测海拔，考察民俗、生产等，为家乡编写了一部资料翔实、内容齐全的乡土教材，受到社会广泛好评。

经天纬地才

一生未曾有过系统天文学知识训练的他，却不甘于做天文研究的门外汉，他用自学与坚毅阐释什么叫有志者事竟成，也改变着云南天文研究的格局。从“步天规”到恒星图，再到云南第一天文点的观测，以及与凤凰山天文台一起到甘肃探测月食，他在不断培育云南天文研究这棵幼苗，希望它终有一天能长成参天大树。

昆明经纬度的由来

如果有人问起，云南省第一天文点在哪？或许很少有人知道，甚至都没有听说过。或者问道：“昆明的经纬度是多少？”相信也很少有人可以回答。要回答这两个问题，就不能不提陈一得。

作为云南省的最高学府，云南大学可谓人杰地灵。建立在明清贡院旧址上的这所学校积淀了悠久的传统文化，有着丰富的历史人文资源。但很少有人知道，在云南大学内有一个三百多年前的大地观测点，这是我国除北京观象台外，唯一原测经纬度的确切点位，也是我国进行天文大地测量的实物例证。如今的这座石标就静静地矗立在云南大学校园内，却很少引起路人的注意，也很少有人知道它与陈一得先生还有莫大关系。

18世纪初叶，欧洲各国的大地测量未完成或尚未开始之际，中国于康熙五十八年（1719）已完成了全国的测绘工作。这不但是中国有史以来测绘事业上的创举，在全世界测量史上，也是空前的。按康熙皇帝旨意所绘制的《皇舆全览图》，全国布测有640个点，其中云南有30个。而实际测量的天文点，全国只有56个，其中云南有1个，即云南大学校园内的这“云南第一天文点”，是当初实测纬度的原始点位。世事沧桑，这些清初开展大地测量的定位标志，而今虽有史料记载的地理名称，但多已没有

云南大学天文点，作者实地拍摄

确切点位可考了，仅有北京钦天监观象台和昆明云南大学校园内的“云南第一天文点”是实测经纬度的原始定位。经查阅《清史稿·天文志》，有“云南府昆明县”载于康熙年间实测之列，西偏经度与北极出地高（纬度）也相符。此为我国首次开展大地测量仅存之实证，是关乎云南，也是关乎国家文化历史，且具有珍贵科学研究价值的测绘遗迹。

到了民国二十三年（1934）冬，由云南省政府教育厅、云南省教育经费委员会、云南通志馆、云南大学、昆明市一得测候所等单位发起复测。

陈一得长期研究天文气象，在当时云南天文学界是不可置疑的权威，发起天文测量活动，自然不能没有陈一得的参与。据参加这次复测的原省交通厅副厅长浦光宗先生回忆，这次测量是从1934年12月19日夜间7时开始的。他们在云南大学会泽院西侧约500米处（当时是运动场的一部分），用60度等高仪、天文时计、无线电收音机实行测量。陈一得与当时还是云南大学工学院教师的浦光宗一起，配合由南京紫荆山天文台派来的沈文侯先生进行测量工作，用三角镜测量许多恒星位置，用无线电机收听格林尼治时间，在汽灯下做记录，就这样接着进行了四个晚上，顶着阵阵寒风，完成了这项工作。当时观镜人是沈文侯先生，记录为浦光宗先生，读表为陈一得先生。在测量的四个夜晚，他们测了北极星等星宿，测量出这一个准确的经纬度点。这就是最早、最准确的昆明经纬度基准，所以称为“云南第一天文点”。

这次测量比国防部陆地测量局基础测量队的工作早三年多，所测数值与康熙年间的数值一致，且“结果较前精密”，即东经102°41′58.88″，北纬25°03′21.29″，精确度0.01″。其成果被刻在碑石上，保存至今。昆明在地球上的经纬度首先镌刻在云大，这也是云南在地球上最早标明准确位置的地方，因镌刻在云大，因此也被称为“云南第一天文点”或“云南大学天文点”。该石标是我国第一次新法测绘最早、最准确的昆明经纬度基准，有重要的科学价值和历史价值，是珍贵的科技文物。

天文点石台基南侧，原有篆书“云南大学天文点”7

个大字，乃时任云南大学校长何瑶所题；北侧原有记述对天文点进行复测之发起和经过的《碑记》。为弘扬浩如烟海的华夏文化，更使中华测绘史实不至湮没，兹将《碑记》全文抄录于此：

> 此地经纬度，自二百二十四年前初测，云南府昆明县北极出地高二十五度六分，京师偏西十三度三十八分。至今中华民国二十三年冬，由云南省教育厅、云南省教育经费委员会、云南通志馆、云南省立云南大学、昆明市一得测候所发起复测。大学校长何瑶主其事。十二月十九日夜七时起，在大学体育场，用六十度等高仪、天文时计、无线电收音机试测，是后四夜正式测量。观镜者：沈文侯；记录者：浦光宗；读表者：陈秉仁。共计测星二百，结果较前精密，并测真子午线一。测处定为“云南第一天文点”，特立石标为志。

当人们问起“昆明在哪里?”我们在随口答道“在云贵高原上”“在滇池之滨”“在西山睡美人脚下”等等模糊说法外，还可以准确地告诉他们，“昆明在地球的位置，即东经120°41′58. 88″，北纬25°03′21.29″这个点上。”这是1934年冬天，由陈一得等人测定的。

此外，为了推行“标准时”，陈一得还亲自登上昆明城楼点燃更炮，当那轰隆作响的炮声响起时，昆明人的生活自此有了时间观念，生活才变得有序可循。民国时期，一般老百姓家里是没有钟表之类的稀罕物的，人们只有通过观测“热头”（太阳）来估计时辰，一些有经验的人也能做到八九不离十，但精准度就无从谈起了。除了看“热头”外，当时的老昆明还有一种特殊的报时方法，那就是鸣炮。鸣炮就是打炮，用炮声来报时，据老昆明人回忆，打炮报时早在清代就有之。30年代的老昆明城，每天昼夜的24小时之内，总要响起四次炮声。清晨五时轰鸣一炮，老昆明人称之为“醒炮”；中午约十二时鸣一炮，称“午炮”；晚间约七时鸣一炮，称“头炮”，九时鸣一炮称“二炮”。炮声响起，声震云霄，全城每个角落都能听到。于是即便没有时钟，只要炮声响起，大家就知道是什么时辰，该做什么事了。当时昆明人之间相互询问时间，往往就说“头炮响了没？”“二炮响了没？”炮声和老昆明人结下了不解之缘，鸣炮报时已成为老昆明人的一种生活方式，成为一代人的记忆。抗战期间，悲壮的抗日炮声已经取代了报时炮声，和平的炮声自此销声匿迹，它的声响和音韵，只深深地埋藏于一些老昆明人的心中了，只是很少有人知晓，这无数次的炮声中，还有一位科学家点燃的鸣炮。

云南天文台创建

抗日战争爆发后，中央研究院天文研究所于1938年从南京迁到昆明市东郊凤凰山。抗战结束后，天文研究所由昆明迁回南京紫荆山。但由于昆明的天文观测条件好于南京，在凤凰山留下一个工作站继续开展工作，1972年正式成立中国科学院云南天文台，当然这是后话。

在研究所迁来之前，陈一得就曾为研究所迁到昆明做过大量工作。他撰写研究报告《昆明气象与天文观测》，提出“昆明气象适宜天文观测，较优于南京”的观点，为兴建昆明凤凰山天文台（即云南天文台）提供了科学依据。据后来陈遵妫老先生回忆，在研究所搬来昆明的过程中，陈一得给予了极大帮助。老先生说：“抗战时我们天文台考虑迁到昆明去。事前我同一得只通过信，未见面。为稳妥起见，我给他写了一封信，希望他给我们租点房子。三个月后，我们撤退到昆明，他同妻子、弟弟迎接，在小城东脚20号找到了房子，后听说来了家小，又给我们在大西门租房子，家具、床都被准备得好好的。我们真得好好地感谢他，没见过面就这样认真帮忙。”陈一得为刚到昆明的科研人员忙前忙后，不辞辛苦，很让人感动。

天文研究所进驻昆明后，在凤凰山开展工作，此时的天文研究所人才济济，所长是高鲁，说到高鲁就不得不细细说一下此人。此人在中国天文学界、气象学界享有较高声誉，是较早从事天文、气象研究的科学家，其生于1877年，字曙青，号叔钦，福建省长乐人。早年在福建马江船政学堂学习，毕业后于1905年赴比利时留学，获得工科博士学位。1912年任中央观象台台长。1918年以中国代表身份，出席了在法国巴黎举行的国际统一时辰会议。在他的倡议、组织和支持下，于1921年成立中国天文学会，并任首任会长，揭开了中国现代天文学的新篇章。1928年当中央研究院天文研究所成立时，他被任命为第一任所长。曾经为争青岛气象台主权与日本等列强进行过激烈斗争，并最终将青岛气象台之主权收回，这为其一生增添了不少传奇色彩。研究所在昆明落脚后，发展较快，就在1941年，张钰哲作为第三任所长接管研究所。第二任所长是余青松，此时也一起来到昆明。

张钰哲是中国现代天文学界一颗璀璨之星，在国际天文学界也是大名鼎鼎。张钰哲（1902~1986）出生在福建闽侯县城一个职员的家庭。他两岁丧父，家境贫寒。艰难的世道，磨炼出他坚毅顽强的性格。他勤奋学习，刻苦钻研，成为学校里品学兼优的学生，无论在小学还是中学毕业的考试中，他都取得了全校第一名的成绩。1919年他又以优异的分数考取了清华的留美预备班。

张钰哲多才多艺，他热爱文学，擅长美术。但他更希望发展祖国的工业。在清华园里，他攻读机械工程，准备有朝一日，使祖国的经济腾飞，不再受洋人的欺辱。

一天晚上，在同学的宿舍里，他偶然发现了一本小

如今的昆明凤凰山天文台，图片来源于网络

册子，而这本小册子却改变了他的一生，也改变了中国天文事业的命运。这是一本普通的天文科普读物，作者在卷首写了这样一段令人心泣的言语："天文学乃中国古学，在我国启昌独早，其研究规模，千年前即已灿然大备，惜后中落……近百年复受晚清腐败政治之影响和军阀的摧残，天文古学更日就消亡，几成绝响。诸君关心国粹，扶翼文明，想亦深同愤惜也。"读到这里，张钰哲的心微微颤抖了一下，难道中国真的要沉沦下去？天文古国的雄风难道真的再也树不起来了？

1923年，张钰哲来到美国求学，经过一番深思熟虑之后，他毅然放弃了追求已久的机械工程专业，转而投考了芝加哥大学天文系。经过几年的努力，他发现了"中华星”，为中国的天文事业争得了荣誉，他的名字传遍了整个世界。

1929年夏，张钰哲获芝加哥大学天文博士学位。他放弃了美方提供的优厚报酬，轻装返回祖国。从此在这块生他养他的土地上，与中国的天文事业结下了不解之缘。

回国后的张钰哲在中央研究院天文研究所工作。1941年在研究所来昆3年后，被任命为所长。就在同一年，研究所又新来了一位博士，他就是戴文赛。戴文赛（1911~1979）是福建省漳州人，早年留学英国，后以《特殊恒星光谱的分光光度研究》一组论文获博士学位，1941年回国，在中央研究院天文研究做研究工作。除以上三位外，研究所当时还有陈遵妫、李珩等一批才华横溢的科学家。

陈遵妫（1901~1991），福建福州人。早年留学日本，1926年毕业于东京高等师范学校数学系，同年回国，先后在北京高等女子师范学校、国立北京师范大学数学系、保定河北省立农学院做教授。同时还在中央观象台兼职，负责历书编纂工作。1928年国立中央研究院天文研究所在南京紫金山成立，陈遵妫先生被聘为该所专任研究员，并兼该所算学组主任。

李珩（1898~1989），字晓舫，四川成都人。1918年入华西大学数学系读书，1922年毕业获理学学士学位，1925年留学于法国巴黎大学，1928年至1933年期间先后在巴黎大学天文台即里昂天文台工作并获博士学位。1933年回国后，曾任山东大学教授、四川大学教授兼物理系主任；华西大学教授兼理学院院长，后到中央研究院天文研究所做研究员。

应该说这是一支扎实的科研队伍，在凤凰山上，一群高学历、高素质的科技人才就这样耕耘于大山之中，他们是凤凰山里当之无愧的科技骄子，是凤凰山养育的金色“凤凰”，凤凰山天文台在新中国成立后被保留了下来，成为能与北京天文台并称的著名天文台，这是他们为云南天文事业做出的贡献，也是对支持他们做科研的云南人民最真挚的回馈。

在国家危亡、时局动乱之时，这些科学家只有坚守自己的岗位、做好自己的本分，以此为国出力。这是中国天文学研究中一段精彩的插曲，它在中国天文学史上有着重要的历史地位。

观天之才终得认可

时光如梭，转眼间就来到了民国31年，也就是1941年，这一年中国天文学界发生了一件盛事。

早在1937年8月11日，张钰哲就做出一项重要的太阳活动预报：1941年9月21日将有日全食带进入我国新疆。据张钰哲的测算，日食带将经甘肃、陕西、湖北、江西，最后从福建北部入海。后来，经英国格林尼治天文台证实，张钰哲率先测报的1941年9月21日在我国出现的日全食，是全球400年来罕见的天文奇观，其观赏价值和学术价值都超过了以往任何一次。

为了观测这次奇观，有关部门积极行动起来，进行了周密的部署。1940年1月，中国日食观测委员会宣告成立，并购买仪器，绘制地图，安排交通给养，确保观测的顺利进行。

根据预测，1941年在我国出现的日食带，其覆盖地区大部分已沦为敌占区，所剩可观测的地区寥寥无几。这些地方离敌占区近，随时都会遇到日军飞机的狂轰滥炸，随时都有生命危险。但这次观测意义重大，也是我国进行的第一次有组织的现代日食观测，其记录将对世界天文科学产生深远的影响。为了使中国的天文事业跨入世界强国的行列，就是冒再大的风险，也要完成这次艰巨的任务。张钰哲最终选定甘肃临洮县为观测地。他认为临洮县秋季晴天多，而且相距我国西北第一大城市兰州只有100公里，可以为观测队提供更多的方便。刚刚就任天文研究所所长的张钰哲，就这样担起了这次观测的重任。

此次日全食观测活动，研究所的所有研究员基本都参加了，包括所长兼领队的张钰哲以及高鲁、陈遵妫、戴文赛、李珩等研究员。但除研究所成员之外，还有一人也在观测人员名单之中，他就是陈一得，这一年陈一得56岁。

陈一得为何能参与这次科学活动，与他当时在云南、甚至是全国的科研贡献是分不开的。但即便是这样，陈一得在观测队伍中还是显得与众不同，这种与众不同不是他自己故意做出来的，而是别人用眼光划分出来的，因为他没有专业学习的经历，也没有响亮的学位。

中国自古就有“文人相轻”之陋习，这种情况，即使是在天文学界也在所难免。陈一得作为云南本土科学家，别说没有出国留过学，就连专业的大学也没有上过，天文、气象学知识也基本是靠自学所得，虽也曾为人师，但却只是中学老师而已。而这些将要与自己同行的同行们，要么是留学国外著名大学的博士，要么就是任教高校的教授，相比而言，陈一得的简历就真有点寒酸了，在这群人眼里他或许就是个土老帽，怎么会有这样的人在自己的队伍中呢？考察小组的其他成员应该是这样想的。所以，在开始的考察过程中，陈一得只是被分配做记录的工作，但这样的情况在不久后就改变了。

1941年7月，张钰哲率领一个由八九人组成的远征观测队，携带各种仪器，从昆明出发，先乘车到曲靖，再乘卡车穿越云贵高原，出娄山关进入四川；跨嘉陵江，经重庆、成都，过剑门关由栈道出川；再翻越秦岭，经天水奔赴甘肃临洮。风餐露宿，历尽艰辛，经过6个星期的颠簸行程，观测队于8月13日抵达了选定的观测点。

观察团到临洮后，随即进行观测活动，陈一得负责记录工作，认认真真做着每一次观测的记录。但在设定观测方位和角度时，观测团遇到了麻烦。设定观测方位、角度，需要预寻某一星座为标准参照，全团连续观察3夜终未找到。此时陈一得请求代为观守，他仰卧凝视，精心推算，将近天明，陈一得迫不及待将大家叫醒，说参照星座将在当日从地平线升起。陈一得自信满满，众人却是将信将疑。天亮后，该星果然出现在预定位置，小组成员这才心悦诚服。之后大家一致推荐他做讲演，从此不敢再有怠慢，陈一得赢得了观测团成员的认同与尊重。在这样的情况下，他得以在甘肃完成了《日全食气象观测报告》。

9月21日9时30分，全球瞩目的日全食初亏终于出现了。当时晴空万里，但见月亮的黑影从西侧开始侵入太阳。40分钟后，太阳被“吃掉”了1/3，天空也逐渐昏暗，气温下降。又过了半个多小时，太阳整个被“吃掉”了，月球遮住了整个日轮。又过了一会，全食的四周辐射出万道金光，“日冕出现了！”在场的人欢声雷动。10时59分，太阳开始生光，万物恢复到原来的状态。陈一得与其他观测人员实测了初亏前、初亏到食既、食既中、生光至复圆、复圆后等5个时段的气温、地温、日辐射热、风向、风速、云状、云向、云速和影波9个要素的效应。从全食到生光，历时不过3分钟，日平均气温从15.5℃下降到13.6℃，下降幅度1.9℃。地表温度从12.5℃下降到10.9℃，降幅1.6℃……还有在全食前10分钟、生光后数分钟出现的影波，分别测得波幅宽为5（6）cm，波长为8（9）cm，时速为3（4、5）km，移向为SE（SSE）等。这些资料，今天还有参考价值。

到甘肃不久，即1941年的9月5日、20日甘肃接连发生地震。陈一得除在震时及时叫醒同事，使考察队员免受地震之害，还及时研讨了地震的成因。他指出，地质上的原因是远因，天文、气象都是近因；两次地震，分别发生在太阴望日的前一日和朔日的前半日，说明月球朔望与地震有关。他还举出1936年阴历正月十五日的临洮地震、1220年阴历十一月七日的甘肃大地震等作为例子予以说明。为了减少地震所造成的损失，他向兰州市政府建议，在市政建设中要“注意建筑工程之坚牢耐震；市区设区，多辟公园空地；街巷宽阔，以防地震之成灾”。

9月21日甘肃临洮日全食观测任务完成后，归途中，观测团成员在沿途兰州、成都、重庆、贵阳等地曾举办日食展和天文知识讲座多次，殷切地向各界人士广为宣传日食知识。其中，陈一得于10月在兰州举行的中国天文学会第17届年会上，做了《推行标准时简易法》学术报告，提出气象观测三要：一要有恒，二要耐劳，三要忠实。陈一得不仅是这样说的，也是这样做的。此外他还大胆地提了两种人工控制局部大气的设想：一、“造林可以调和气候，培养水源”，厉行此运动，“不出十年，必使……变为森林气候，消此雹灾于无形”；二、“设晴雨炮台”，“置于山顶，见有雷雨云盛，下部黑暗，人觉闷热，便令各处齐放，使空气振动，冰块不致凝大；即早下降，则雹灾可免”。不仅如此，他还进一步地预见了人工引雨抗旱的可行性，“此法亦可用于久晴求雨，久雨求晴”。

此次赴甘肃考察，陈一得以56岁之年纪奔波南北几千里，甚是辛苦，吃人所不能吃之苦，当然也收获一般人不可能收获之成果。

守护母亲湖

太华山脚下的这片湖水，伴随着他度过了无数个难眠之夜。每当夜阑天清、无法入睡之时，只有这滇池之水发出的低吟之声与他相伴。犹如与老友聊天，话虽不多，却能知其心底所想。而当老友将被他人放干身体里的血液，处境危急之时，他又怎能坐视不管？

滇池劫难记

滇池是云南高原最大的湖泊，古称滇南泽，又名昆明湖，也是昆明人民的母亲湖。《华阳国志》记载："滇池县，郡治。故滇国也。有泽水，周围二百里所出深广，下流浅狭如倒流，故曰滇池。"

滇池位于云南省昆明盆地西沿，地处长江、红河、珠江三大水系的分水岭地带。站在滇池旁的西山顶上，眺望滇池，波光浩渺，苍苍茫茫，周恩来总理曾誉曰"滇池明珠"。

滇池属高原断层陷落构造湖泊。在古地质年代，湖盆北起松华坝，南至晋宁十里铺，面积约1000多平方公里，湖水最深处在百米以上。随着地质状况的变化和人为的干预，滇池的面积逐渐减少，水位不断下降。今天，滇池的面积约为298平方公里，总容水量15亿立方米，平均水深4.4米，分为草海和外海两个部分，是我国第六大淡水湖。

滇池自古以来就以风光秀丽、湖山壮美著称于世。在滇池及其周边，还留存有极其丰富深厚的人文历史遗迹。世世代代的昆明人都以拥有这样的母亲湖而骄傲、自豪。

远在西汉时期，司马迁就在《史记》中称赞："池方三百里，旁平地，肥饶数千里。"而汉武帝想征服西南，因为听闻滇池而凿昆明池练习水军，这就是大观楼长联中"汉习楼船"典故的由来。

当忽必烈率领的大军“革囊渡江”，征服云南的时候，他的大将兀良合台所见到的昆明和滇池的情景，还是“城际滇池，三面皆水，既险且坚”。

而那位不远万里从意大利来到昆明的马可·波罗，在游记中记载的滇池则是：“此处有一湖，近一百里，出产各种鱼类，有些鱼的体积甚大。”

在滇池南岸的昆明，曾经养育了名扬天下的大航海家郑和。至今，在郑和的父亲马哈只的墓碑前，还可以看到气象万千的滇池。站在这里，我们不禁会想，当年郑和在征服万里海涛的时候，是否会怀念故乡那片被称为“海”的滇池。

今天，当我们翻阅历代留下的典籍时，还会被那些称颂滇池的词句所激动，被那些与滇池有关的故事所吸引。

明朝初年，从日本远道而来云南的和尚机先，曾经这样忘情地歌颂滇池：“滇池有客夜乘舟，渺渺金波接素秋。白月随人相上下，青天在水与沉浮。遥怜谢客沧州趣，更爱苏仙赤壁游。坐倚蓬窗吟到晓，不知身尚在南州。”

明嘉靖年间，大文豪杨慎被充军云南，滇池是他多次往返、旅游的地方。后来，他还定居在滇池湖畔的“碧峣精舍”，这里的峣即指滇池畔西山脚下的高峣，昔日的滇池码头。他曾在诗中说：“高峣亦吾芦，安宁亦吾宅。屏居三十年，宛如故乡陌。”他把滇池畔当作了自己家乡。

明末大旅行家徐霞客也曾在滇池及其周边留下了游

踪。今天，我们还能在他著名的游记中，领略当年滇池的美丽风貌："东行湖中，遥顾四围山色，掩映重波，青蒲偃水，高柳潆堤，天然绝胜。"

而那副以"五百里滇池奔来眼底"起句的大观楼长联，更是名扬天下，被广为传颂。据说，从未到过昆明和滇池的毛泽东十分喜爱这"天下第一长联"，曾问当时的云南省委书记能不能背得。

然而，美丽的滇池从来就没有平静过，贪婪的人类从未放弃对它的伤害，在历史的长河中，伟大的母亲湖以无声的细语诉说着自己的无奈，然却很少有人能听懂。

美丽的滇池在古代也曾有狰狞的一面，一段时期里水灾不断，给昆明百姓带来巨大危害。元朝时，当时驻守云南的赛典赤就曾对滇池进行过治理，经常带领随从人员在滇池周围，进行"求其源头所自"的实地勘察工作。经其治理，昆明城南郊外原来为洪水造成的许多沼泽地区也逐渐成了可耕的良田，疏浚海口，滇池水位下降，解除了水患，"得壤地万余顷，皆为良田"。但时间不长，滇池又再次为害，故元朝时期就有人提出"尽泄滇池，可得田三百万顷"的言论。这种主张因走到了另一个极端，在当时被认为"不宜于行"。明洪武十五年（1382），又泄水垦田97万余亩，清雍正年间又不断有泄滇水获膏腴之田的记载。针对这种情况，云贵总督鄂尔泰反驳说："毋论崇岩叠巘，断不能开，即使五丁神力凿而开矣，又安得有周回三百里之区而贮此水乎？势将胥安宁、富民而鱼鳖之矣！”坚决反对泄湖造田。可能只是限于人力、物力及财力等方面的因素，或许也有认为“不宜于行”的明智之人的竭力抵制吧，总之，在明清时期，泄滇池之水，以造良田的言论虽屡见记载，但滇池依旧未遭受大的劫难。

民国初年，昆明又有人提出要“泄湖造田”。1926年，又有外省名人游说昆明当局，“泄湖造田”，遭到许多有识之士的强烈反对，最终未被采纳。

滇池之水就那么可恨吗？就一定要将其尽皆泄才解百姓之怨？恐怕不是这样吧！要不怎会如此多赞美、讴歌滇池之美的诗文被传颂呢？目光短浅之人才会有如此浅薄的认识。

然而，20世纪40年代，此言论又有人提起，且信誓旦旦，不过这次陈一得看不下去了，他登高疾呼，著文驳斥泄滇池之愚蠢想法，力说不可泄填滇池，否则后患无穷。

护卫滇池

20世纪三四十年代的昆明，由于外来人口的急剧增加，滇池区域人多地少的矛盾日益突出，大大小小的荒山被开垦，湖边河道畔的大片湿地被开发，只要有可供开垦之地，基本都被开发殆尽。即便如此，还是不能满足人类向大自然不断掠夺的贪欲。一些贪婪之人竟又将目光投向滇池，“泄湖造田”言论被喊得震天响，一场生态灾难看似就要发生。

此时，陈一得已全家搬上西山，对自己居住地西山脚下的滇池充满感情，对其命运也十分关心，当听说有人要泄滇池之水以造田时，这位当时已是云南气象、天文、地震学权威的科学家再也不能坐视不管了。他著文说，自己“工作于太华山巅，常面昆湖，感觉自然宇宙的伟大，人类时空的短小，发湖山太古残留遗迹，推究已往变迁情状，极富兴趣，沧海桑田，事有必然!”对滇池之赞美溢于言表。

他利用自己多年来对滇池地区地质学、气象学的研究成果，指出泄湖造田之议“有害无利”，原因在于湖水干涸，直接影响滇池地区的农业生产与水旱灾害，他认为：“自然趋势湖面日缩，湖水日减。高地水源，因森林滥伐，不能含蓄，一遇骤雨，便发洪水，泥沙搬运，壅塞各河，水位骤涨，有时堤决横流，泛滥成灾。而湖面阔大，颇能容纳积蓄，将来缩小消失，年代尚遥，若加以人力开凿，紧岩一破，不可复原，湖涸则平原土随之消失，为害甚大。”为进一步说明自己的观点，他还列举了泄湖造田的十大危害，今且录于此，以使后人为鉴：

一、高原蓄水不易，沿湖除低田患水淹没外，尽属膏腴，不忧天旱，若湖水低降，大部腴田，上下就水不济，损害实多。

二、昆湖（滇池）下游，富民安宁，利资灌溉，产米极富，河开水急，冲刷良田，损坏必多。

半途若遇坚硬岩层，下游县境，必又积水成湖，淹没膏腴田亩，无偿损失。

三、水力搬运，与水量流速有关，水流速度加增，运搬力即愈大，细砂泥土，沉积下流，而上流涸出之湖地，必多残余砾石，日久两岸倾斜峻急，难获良田。

四、高原水力，为重工业原动要素，现时干季发电，已感不足，若再减少储蓄水量，必倍困难应用。

五、云南周年显分干雨两季，干季空气干燥，昆明所有生物人民，端赖湖水蒸发，藉资润湿以调养呼吸，若湖水减少，西南风益燥烈，市民不易卫生，生物亦难培养。

六、高原湖泊，山水清雅，夙为名胜，湖变石田，大煞风景，旧日名胜，不可复靓。

七、沿湖各县，水道往来，粮食物品，运输便利，湖水缩小，阻碍交通甚大。

八、湖水生产鱼类，渔家赖以生活，船户安居水上，数不在少，一旦干涸，概将失业。

九、水多蒸发，足以调和气候。昆明夏季，云多蔽日，气候是以清凉；冬季天旱，西山雾雨，一切森林植物，农业豆麦，实沾雾露泽惠。湖水一减，气候必多剧变，损害全部生产。

十、即使农田有利，不过便于少数特殊资本

田主，对于多数自耕农民，生活有害无益。

他指出滇池的隐忧："至今湖滨低田，湖中草地，渐露水面，草海将成浅滩，变迁隐微人不及觉，而水力浸蚀破坏，海口河底砂石冲刷磨损，日渐消失降落，试估计极小度，假设河底磨损每年一公厘，十年仅一公分，尚非显著。若至千年则深一公尺，大有可观，岩石松疏，水之破坏侵蚀，将千百倍于此，一旦石龙坝岩层破尽，昆湖水位，受空气压力求与金沙江水面平衡，将来海口螳螂川日益深下，昆湖积水泄涸，湖底必变为深沟，两岸土层崩溃，逐年随水搬运，冲积下流江口，是昆明平原，终有消灭之一日。"陈一得先生对自己的立论很有信心，他说："以上所举，当为人所同知，昆明重地，谅后无有动议。"（《昆湖水位之变迁》）另一位"泄湖造田"的坚决反对者乃民国时期主持昆明教育近三十年的梁继先先生，他说："昆池之水，不宜尽泄，故自古以来，管理订有常规。海口设闸，调节昆池水之盈虚。使昆池保持相当水平，水势不致过竭过盛。下流亦不致患水。海口河之疏浚，有三岁疏导，五年大修之规定。水利专管机关，董督其事。沿昆池各县，出夫多寡，工作时日，亦各有规定。防止水流淤阻，不能畅通；昆池沿岸，可无淹没之苦。经流地方，各得其用。更可见昆池宜于调节疏导，而不宜于彻底排泄。古人亦盖勘测考虑。煞费经营矣。"梁先生还引史论今，"后读倪蜕翁（清道咸间人）所著《滇云历年传》，据其所述，则元代曾已有人力倡此议。经多方研讨，而卒不宜于行，其事乃寝。自悔闻见之未广。向使先读此书，遇有此等建议之人，自可请其展卷豁然，省却许多口舌辩驳之劳烦也”，表现得较为乐观（《昆池泄水劈田问题》），与陈先生的奋力高呼相比略显平静。然而，就在陈一得先生逝世10年之后，昆明就真的上演了一场“围海造田”的蠢剧，梁先生预想的乐观局面还是没有出现。

60年代，“一张白纸，可以画最新最美的图画”，“三山五岳开道，我来了”，“站起来的人民要改造一切旧世界、大自然、全宇宙”，在这样的时代背景下，轰轰烈烈的“围海造田”运动开始了。

滇池在中国独一无二，却要围海造田，向滇池要田要粮，这种盲目地学“先进”终于带来了可怕的后果。1969年12月28日，10万军民在东风广场召开誓师大会，革

如今水质严重富营养化的滇池，作者拍摄于西山上

命委员会的负责人在大会上说“昆明市围海造田工程，是改天换地，为广大群众谋福利的。是造福后代的大事”，不顾科学规律，不顾民意反对，执意发动“围海造田”运动。

数十万人和几百辆卡车和挖掘机奔赴滇池，到处是“向滇池要田，向滇池要粮”的标语，大卡车一辆一辆载着红色的山土，向滇池驶去。草海的水也被抽干了，千百艘木船、铁壳船，在对面西山与石坝间蜂拥穿梭，运来从西山挖下的红土，填在黑淤泥上。

这项耗资1000万元的集体工程，造了25万平方公里的不能生产粮食的沼泽。滇池“湖岸弯曲，苇丛密布，波光柳色，鱼跃鹭飞”的美景成为历史。

滇池的生态环境自此急剧恶化，昔日人流如潮的海埂天然游泳场，渐渐也不能戏水弄波了。

昔日清波浩渺，鸢飞鱼跃的美景，渐成痛心的追忆。

那些靠捕鱼捉虾、操舟航运的湖畔居民，只有改行他去。

就像昆明诗人于坚所说的那样：“滇池是昆明的灵魂”，灵魂都没有了，还会有生命力吗？保护滇池就是延续昆明这座城市的生命，要想让昆明青春永驻，那就保护好滇池吧！

不知九泉之下的陈先生面对如今这般污染严重的滇池，会作何感想？而那些当年鼓吹池湖造田之人又将如何面对伤痕累累的母亲湖？

修志有创新

我国历代皆有盛世修志之传统，大到国志，即国史，小到地方府州县志，乃至乡镇村志，可谓种类繁多。而文人也多以参加修志为荣，然相比于他人的为名为利，陈一得更多考虑的是为民谋利。因而他所参与修纂的志书皆以实用为纲，价值极高。

中国第一部方志气候志

云南是中国第一部方志气候志诞生地吗？如今可以肯定地说：是的。

陈一得不仅观测气象、研究天文、探究地震，而且还参与地方志的编撰。早在1919年《昭通等八县图说》出版时，他就已经开始了自己的修志人生，此后多年这项工作一直没有停下，先后参与了由云龙编纂的《高峣志·气候志》、周钟岳主持的《新纂云南通志》以及由自己主持编纂的《盐津县志》等方志编撰工作，在他自然科学研究的履历中增添了些许社会科学的成果。

地方志是反映我国各地自然、经济、政治、文化、科学、技术、社会、历史状况的重要文献典籍，是几千年华夏文明孕育的一种特殊地方文化。地方志所载大厦地情，堪补文书之阙，具有存史资治、利国益民之功能。因而它源远流长，亘贯古今，延续不衰，卷帙浩繁。历来被视为中华民族文化宝库中的瑰宝。宋代文学家司马光曾赞方志为“博物之书”，清代方志学家章学诚称之为“一方之全书”，或云“国史之羽翼”，今人更誉之为“地方的百科全书”。

我国历代所修方志，虽经历史动荡，宋代以前多已亡佚，但保存至今的宋元以来乃至民国的各地志书，仍有千余种。这是认识我国地方史和进行科学研究的重要资料依据。

方志是地方志书的总称。按其记述内容，大致可分综合性、专业性两大类。综合性地方志诸如省志、州志、府志、县志甚至是村志等；专业性的地方志诸如记述名山的“山志”、记述水体及水利的“水志”、记述物产的“方物志”等等。

简单说，地方志就是记录当地气候、物产、人物等内容的专门志书，是相对于中央的国史而言的。中国古代历朝都有修史的传统，中央修的志书一般是记录前朝之事，俗称正史。地方也有修志之传统，特别是明清以后，地方志修纂兴起，全国各地到处都在修方志，地方志可以是一省省志、一州州志、也可以是一县县志，甚至是乡村志，可谓各级行政分野都有方志。

一般来说，地方志由政府组织当地之博学鸿儒修纂，也有私人修纂的，在民国时期，由于政府组织不力，个人修志十分普遍。由云龙主持的《高峣志》就是个人所修地方志，其卷四《气候志》被称为是我国第一部方志中的气候志。而这个气候志的撰写及资料来源皆赖陈一得，所以，这“第一”的开创之功陈一得可谓实至名归。

高峣，一名碧峣，位于昆明西南碧鸡山麓，是碧鸡关下一小村庄，背山面海，水陆交汇，景色迷人，骚人墨客到此流连忘返。杨升庵谪滇时在此建“碧峣精舍”从事著述，后在此建有升庵祠。由云龙为这样的村庄写志，并非浪费笔墨。杨慎曾在《碧峣精舍记》中写道：高峣以

“山形似秦崤关”，故名，纠正旧名“高桥”之讹。不过今天当地人还是习惯称其为“高桥”，当然这是发音，而书写依旧是高峣。高峣枕山面海，当太华、华亭、罗汉诸山入山处，又当旧时滇池泛舟入海处，独擅山水之胜。明清时期，特别是清代此处为滇池边一繁华地带，是当时的水陆码头，水上是滇池泛舟入海处；陆路则是当时茶马古道的一个必经之地。高峣与晋宁、安宁毗邻，只一水之隔，来去往返之商旅不断。可以想见百年前此地是怎样的热闹，而如今的高峣在现代经济浪潮的冲击下，高速公路取代了从前的茶马小道、滇池之水再也养育不出可供捕捞之鱼，当年的水陆要道，如今仅仅只是一个普通地名，并无吸引人之处。

由云龙编撰的这部《高峣志》因质量上乘得以传承，《气候志》部分由陈一得协助完成，所用之资料也多是陈一得多年观测记录之数据，是以实测之数据书写志书的范例，故也被公认为是中国第一部方志气候志。说到由云龙，就不得不对此人做一番交代。

由云龙，生于1876年，卒于1961年4月20日，字夔举，号定庵，云南姚安人，清举人，毕业于京师大学堂。辛亥革命后，被举为大理等五府一厅自治总理，后又署理永昌府知府。后任云南都督府秘书长、云南教育司司长、政务厅长，并一度代理云南省长。1927年被清史馆聘为名誉协修。他酷爱对联，著有《楹联录存》《定庵楹联》等书。从1927年，由云龙历时7年编成《姚安县志》，现代著名方志学者傅振伦评价：“此志是民国方志中资料翔实、义例精严的上乘之作。”

由云龙是中国科举制度的得益者，也是科举制度的受害者。他是光绪丁酉年（1897）举子，是年21岁。甲辰年（1904）进京会试，年纪不过28岁，按学养，他很可能少年得志。临上考场，他不知是哪一股神经发了岔，强烈反感应试中的“八股”气，另辟蹊径痛痛快快针砭时局。文章是很好的文章，但已经“犯上”。若放在前朝，必定是杨升庵的下场，打你个命悬一线，再流放充军。好在那时清王朝自身难保，一群身着长袍马褂，外拖着一条长辫子的儒生们，高谈阔论，奔走呼喊“天下兴亡，匹夫有责”已经很时髦。由云龙虽免予皮肉之苦，却不得“进士”，对于他，兴许是件好事。从此改入京师大学堂继续读书，遂成一代高级师爷。云南王卢汉评介说：“……由云龙学有根底，游学美日，兼通东西，著述十余种，可称有三长而得四要，才高卓识的学者。”乡贤秀士对由云龙的总评价是：“藏书之丰，著述之富，堪称滇中巨擘。”如此之贤者能人为高峣修志，却也不辱没此地之历史。

经云南省气象科学研究所刘恭德先生考证，1922年竺可桢先生在《科学》第7卷3期上发表的《南京之气候》，可能是我国第一部气候志。方志气候志是随着我国社会分工、科学发展相适应的历史悠久的方志学同近代气候科学相结合的产物。方志学源于周代，尽管专业志晚于方志，但在西汉司马迁的《八书》《货殖列传》中已可窥到专业志的雏形，清人谢圣纶所辑之《滇黔志略》卷四《云南·气候》，问世于乾隆年间，然而，此志虽冠有气候志之名，实为一地气候的直观描述，并无现代气象观测资料之迹，称不得反映时代特点的方志气候志。在我国，真正的方志气候志大致产生在抗战前期。

我国第一部方志气候志是哪本书？林衍经撰《方志史略》（河南人民出版社，1984年版）认为：抗战时期，“洛川县志和同官县志的气候……为旧志所没有的，内容新颖，反映了时代特色”。也就是说，作者认定《洛川县志》和《同官县志》中的气候志是我国最早的方志气候志。《洛川县志》凡例称：“本志篇目，亦略依《方志今议》之拟目。”内容包括有气候志。身任《洛川县志》总纂的黎锦熙先生在所撰《方志今议》（商务印书馆，1940年）中也指出：“事类新增者，例如地质、气候、公路、卫生等，固可言创。”是当时所见地方志中没有的。在同一本书中，他又写道，他所撰写的县志气候志是“创设”。创设在何时？何地？该书在序言中有这么一段话：“本年（指1939年）六月……殷君祖英的‘气候志’……陆续成稿”，即黎锦熙等所创的县志气候志成稿于1939年7月。

经刘恭德先生查证，云南姚安由云龙撰《高峣志》卷四《气候志》，由云龙在序言中称：他的志书中“天文、气候等目”，赖“陈君一得相助”，其中直接引用了昆明实测的气温、降水等记录，序言写于1939年春，比黎锦熙等所创两县县志气候志还要早几个月。

如果说，黎锦熙等撰写的洛川、同官两县县志气候志是“创设”，那么，云南省《高峣志·气候志》较之更早，应是我国第一部方志气候志。这样，云南也就成了我国第一个出方志气候志的省份了。

参与《新纂云南通志》编撰

民国时期是云南地方志由传统向现代转变的一个重要时期。由于时代的发展变化，西方进化论史观和日本新史学理论的传播，近代自然科学及其方法的逐步普及，使人们的思想观念和方志思想发生了深刻的变化，许多有识之士把近代史学观念和自然科学的方法引入地方志编纂。因而，民国时期云南地方志在科学性、实用性方面，较之明清以来的传统方志大为增强。

民国十八年（1929）12月，国民政府内务部颁行《修志事例概要》二十二条，令各省设馆纂修通志。民国19年（1930）2月，云南省政府成立通志馆筹备处，9月正式成立云南通志馆。云南通志馆以周钟岳为馆长、赵式铭为副馆长。为区别于明清云南诸通志，定名《新纂云南通志》。

中国传统的文人学者，大都把能参加编史修志视为一件得到社会认可和展示自己才华的荣耀之事。“云南通志馆”成立后，周钟岳任馆长，赵式铭任副馆长（1940年周钟岳被调任国民政府内政部长，赵继任馆长）。袁嘉谷、由云龙、顾视高、吴琨、宋嘉俊、李根源等一批当时云南的名人绅士为编纂员。缪尔纾、方树梅、陈一得等人为分纂员，并任命方国瑜先生为编审员。

编史修志在中国传统文化中的地位非常重要，历朝历代参加编史修志者均为当时当地的文化名流。从《新纂云南通志》几个主要部分的编纂者的学科背景和学术功力来分析，便可窥云南“名流修志”的强大阵容：该志的《大事记》是袁嘉谷的力作，袁嘉谷是云南近现代在史学、文学、经学、教育、书法等方面功力深厚的著名学者；《金石考》为史学家方国瑜和云南著名学者李根源所写，两位大家用丰富的资料对云南珍贵的金石文物进行了记载和考证；《地理考》是由张芷江、方国瑜合写，它不像旧志那样记挂流水账，而是进行了科学的考察记述；《艺文志》由方树梅编撰而成，方树梅多年致力于云南史籍文献的收集研究整理，对云南的书籍文献了若指掌，因而他所编撰的艺文志收罗宏富、叙述切题，在内容上与“道光志”和“光绪志”相比较，有了很多增补和修正；《方言考》的编纂者为赵式铭，他对云南少数民族的语言文字进行了考察和研究，在所编志书中做了很多旧志所没有的创新；《交通》《物产》《矿务》《地震》《地质》等部分是由张鸿翼承担或参与编纂而成的，张鸿翼1904年即在北京京师大学堂学习过农学、博物，民国初年担任过云南教育会总会长、省农校校长等职，20年代中期担任过云南省交通司司长、省教育厅厅长，可谓是所承担部类的最佳撰稿人；《人物传》主持编写者是浙江的金天羽，他在史志编纂方面的较深造诣为志书质量提供了保障；而《天文考》和《气象考》则为陈一得所写，他破除了旧志以天人感应观点对自然现象进行记载和解释的封建迷信色彩，用现代科学的眼光来编写云南的天文气象，并将他亲自实测的气象资料和调查收集的云南气象谚语编入志书中，使所编志书具有了与以往志书不同的时代进步性。《新纂云南通志》，全书266卷140册，共计648万多字，收表530篇，地图198张，插图78幅。成为1949年以前云南官修史志中内容最丰富的一部，也成为后世研究云南文化史、民族史的不可多得的权威资料。

总之，在这个编纂班子中，一代文化名流的学识相得益彰、人品相映生辉，堪称得上是一种经典的组合!

在编修地方志书和编纂地情资料书等大型文化活动中，这些云南地方文化的名流大家们，凭着文化人人格中一些共有的特质而相互吸引，共襄桑梓文化事业；同时也产生了一种“整体大于局部之和”的群体效应，完成了历史交给的任务，赢得了社会的承认与敬重。

《新纂云南通志》的修纂工作，历时长远，陈一得负责的《天文考》《气象考》从1931年开始，到1935年就撰写完成了。他在对传统地方志中有关天文和气候的内容深入研究后，认为“方志考证文献，而首乎天文。旧志天文多述分野、祥异、气候。分野之说荒邈无据，祥异尤多比附”。（《新纂云南通志·天文考序》）“旧志天文仅载星野、祥异、气候。星野之说殊难征信，以二十八星宿分中国，前人多訾其谬”，“至祥异邻于谶纬，已为有识所诋。后世侈言符瑞，尤多贡谀”（《新纂云南通志·凡例》）。因而，在编纂《天文考》和《气象考》时，根据近代天文学和气象学原理来设置门类，谋篇布局，并加以科学阐释，极大地增强了志书的科学性。

《新纂云南通志》的《天文志》将天文与气象分开阐述，改变传统方志天文、气象合二为一的惯例，将《天文志》分设为《天文考》和《气象考》两个独立的分志。对地方志了解的人都知道，历代方志都习惯将天文、气象及灾异放在一起，这样做的目的是为了表示，灾害的发生是上天对当政者的警示，带有浓厚的封建主义色彩，陈一得在撰写这部分的时候秉承科学求真的态度，对天文、气象事件进行科学分析，解释天象、气候变化的内在原因。这无疑提升了《新纂云南通志》的科学价值，这也是这部方志备受后人追捧的原因之一。在《天文考》中，陈一得已经将天体进行分类，设“星象”“授时”两个门目，在“星象”门下设“行星”“彗星”“流星”“陨星”“日月食”等条目，而“授时”门下设“晷度”“平时及标准时”“太阳出没及昼夜时分”等条目。这些都具有较高的现代科学性。而在《气象考》中又分别对“水汽”“光象”“旋风”“气候”“物候”等进行阐述，并于各总目下又设若干条目，如“水汽”门下设“五彩云”“昼晦”“雨雹”“雪”“霜”“露”“霪雨”“大水”（附“山崩”）“雷雨”等条目。

为求科学严谨，陈一得尽量广泛搜集史料，并对这些史料进行编排，这项工作费时费力。有关云南天文、气候等方面的史料散布于各朝正史、实录及云南各时期不同地方的府州县志中，要从这些史料中挑出所需的史料，所花费时间自是不少，今天有方便的文献检索工具，可以方便地检索到所需的文献史料，当时要得到这些史料必须亲自将所有史书逐一翻查。陈一得理科出身，却能如此沉下心来，专心搜集史料，让人感佩。他将这些资料和自己长期实验观测的数据，分门别类，进行有序编排，方便后人搜集、检索、利用史料。如《天文考》“行星”条下的“彗星”，就收集了50余种唐宋以来云南地方史志中有关彗星的记载，列表进行记述。“晷度”“平时及标准时”“太阳出没及昼夜时分”等条目，则在大量实际观测数据的基础上，进行精确计算，并将观测和计算的数据按当时126个县分别列表记入。

明清以来，云南都有编纂省志，但没有一部在严谨性与科学性上赶得上《新纂云南通志》，特别是陈一得先生负责的《天文志》，其科学性之强，在云南历代方志中无出其右，甚至后无来者。民国以前的地方志在记述天文和气象时，普遍存在内容荒诞无稽、迷信色彩浓厚的弊端。陈一得编纂《天文考》和《气象考》时，充分采用近代气象科学的理论和方法，对云南的天文和气象现象进行阐释，体现出较强的科学性。在《天文考》中，“专就星象、授时之有记载者，证之科学方法观测之结果，分别列表加以科学的说明”。比如，彗星现象在古代方志中多记为凶险灾异之兆，而陈一得则通过历代云南通志和府州厅县志，统计自唐僖宗乾符元年至清宣统三年间云南各地出现彗星现象共89次，专门列表记述，进而说明：“彗星轨道多为抛物线，次为双曲线，故出见无常。古人视为凶异，中西如出一辙。自康熙二十年哈雷发明椭圆轨道，彗星有一定周期，可预知其他再见，信与人事无关。（哈雷大彗星）近日点之周期为七十六年。”又如，在“流星”条中，对“彗星”和“流星”进行了比较：“流星与彗星有密切关系。流星群之轨道及周期多与彗星相似，故知流星系彗星分离而成。或谓流星乃形成各天体之原形，物残放游行空间。密集有心核、头尾者为彗星，散布者为流星，成团者为流星群。运动若遇地球，则流星与大气层相摩擦而呈光热、飞流现象，其形态各有不同。”在《气象考》中，对“五彩云”“甘露”“山鸣”等特殊的气象现象，也在收集原始资料的基础上进行了科学阐释。如，关于“五彩云”，自汉代以来共248次记录，“云南”也因此而得名。陈一得经科学分析后指出，这一现象“洵足代表本省特征矣。此类云状成因同于日月晕华、虹霓。日光射入云中之水滴、冰针，光线曲折分散而现彩色。故彩云多绕日周围，有时贯日四出，或盖覆山巅，皆由光之作用也……彩云出现以春季为最多，秋季次之，夏季最少。盖彩云适于阳光朗照、云量散布之际，若阴雨云厚或晴空无云俱不能见。清世宗侈张符瑞，大吏矫诬贡谀，郡县注意搜求，凡祥瑞之事，岁不绝书”，科学地说明了彩云生成的原因及季节分布，也指出了清代以来有关彩云记载频繁的缘由。

除参与《新纂云南通志》编纂工作外，陈一得还参与了《续云南通志长篇》的编写。《续云南通志长篇》利用了当时已经达到的科学新成果，许多图表都具有科学的规范性和系统性。特别是陈一得编制的《气象》一纲，不仅表格规范领属简明清楚，记录齐全认真，且于每表之后，扼要分析探讨诸种气象的成因及变异的依据，说理透彻，以科学方法入志书，这也是本书在编写方法上的一大突破。其他诸如《路南县志》《巧家县志》《晋宁县志》等志中的气象一门也都是陈一得撰写的。

《盐津县志》编纂主任

1944年8月，云南省政府民政厅为编纂地方志通令各县设局，编纂经费列入概算，在盐津，县长杨竹铭饬科筹办，并于1945年春成立县志局（次年3月并入文献文员会）。县长兼局长，教育科长任副局长，聘陈一得先生为编纂主任。此时的陈一得因病已辞去昆明气象测候所所长之职，离开他待了十年的太华山。同年冬，他在接到盐津老家修志的邀请后，虽还在病中，但还是启程前往家乡，毕竟修志是大事。陈一得偕妻子刘德芳回到了阔别20多年的故乡。

盐津地处滇东北，设县较晚，民国六年（1917）始从大关县划出。历史上未修过县志，有关文献材料也较为稀少，为了掌握第一手资料，陈 ·得不顾年近花甲，在缺乏仪表的困难条件下，在当时盐井小学左侧设立简易气象测候站，亲自观测气温、湿度、降水、风向等气象要素。要全面开展工作，凭一己之力明显是不行的，而且

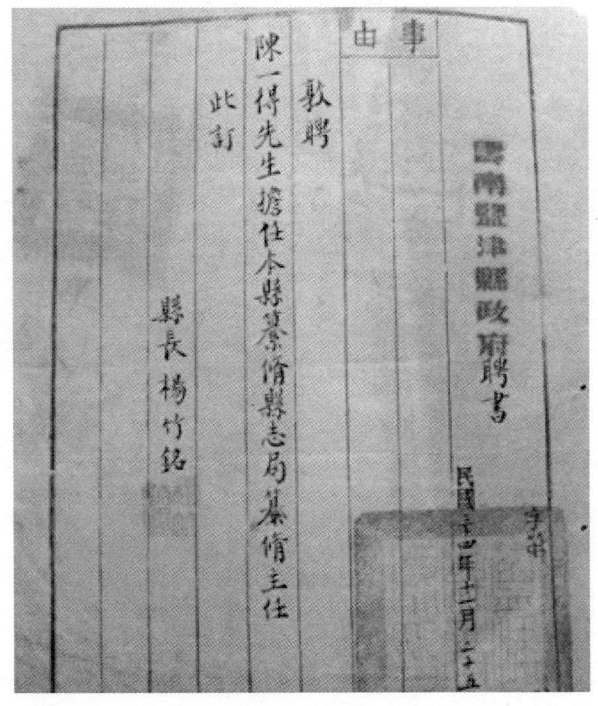
事由
雲南鹽津縣政府聘書
民國二十四年十二月二十五
字第
敦聘
陳一得先生擔任本縣纂修縣志局纂修主任
此訂
縣長 楊竹銘

盐津县聘请陈一得修志的信函

此时的陈一得已是60有余的老人了，所以县志局聘请了一些人做他的助手，陈一得耐心细致、手把手地教这些年轻人观测、记录。正因为这些努力与付出，1946年元旦至1947年年底两年完整的气象资料记录得以保存于《盐津县志》中，成为气象史研究的重要材料。

为测疆域范围、位置，山脉水流，形势名胜，陈一得不顾自己年纪已大，不顾过度劳累，亲自带领助手翻山越岭、走村串巷，用自带的海拔表等仪器实测各地海拔，路上若遇见老农，陈一得就停下与其攀谈，详细询问有关生产、民俗诸情，往往废寝忘食，工作到深夜，还摸黑走十余里山路回城。回城后又埋头灯下，绘制地图，整理数据及当天见闻等。

陈一得一生生活简朴，在盐津修志期间，夫妻二人坚持每天自己做饭。平时基本不赴宴，也不请客，最忌官场的酒肉应酬。这期间，盐津县教育局长赵汝为请得县政府公款酬谢先生。两次赠款，先生一概不收，并说："我不是为钱才来写县志的，如果是为了钱来，你们也负担不起。"如此之气度让人敬佩。也正是受先生魅力之感染，赵汝为一生敬重陈先生，常年保持通信，先生妻子去世后，还专门来信劝慰，希望陈先生保重身体。

先生一生为人正直，在盐津修志期间，常常教导他的助手们："你们这些年轻人在县政府做事，千万不要用笔杆子杀人，为人要正派……"在闲谈中，他曾说："我有儿子，决不让他进衙门，我也不当官。"可惜的是陈先生一生无子，后将弟弟之子过继给自己，才有了一个义子。

陈一得在家乡采风半年多后，返回昆明，其助手们继续采集资料，交陈一得“崇实避虚，秉笔公其去取”，终于在1948年秋，完成盐津县志，此志完整地记录了盐津的历史、沿革、舆地、政治、自然、物产、交通、教育、卫生、人文、圣迹及农、工、商、军等各方面情况，资料丰富翔实，在昭通各县中，实用价值最高，是一部难得的乡土教材。而陈一得的为人，也给故乡留下了深刻的印象。

就在县志编纂即将完成之时，陈一得一生最大的依靠——妻子刘德芳因病去世了。这对陈一得打击甚大，他常说自己的一生有两样东西最为珍贵，一是气象研究，另一样就是自己的妻子，对妻子的感情之深可见一斑。刘德芳女士身体本就不好，而长年在山上的艰苦生活使身体变得更差。在与陈一得赴盐津的路途中，这样的情况就已经开始显现了，然而竟不曾想这一天来得如此之快。妻子病故后，陈一得在短暂悲伤过后，将自己手写的《昆明气象观测记录》印出，并连同早年由妻子绘制而成的《昆明恒星图》一起捐献给了政府，部分研究成果分送各气象研究机构，以此方式纪念自己最亲的人。

《盐津县志》成书后，传抄未刊。现云南省图书馆有藏本，为传抄民国三十七年（1948）的稿本，分为十册，线装，约25万字。分为十六卷，内容包括天文、气象；物产、交通；教育、民事；农业、工业；商业、赋务；司法、民风；金石、文牍、艺文等。县志内容丰富，设置科学，史料翔实，数据准确，是民国时期云南质量较高的县志之一。

在县志编纂中，陈一得作为自然科学者积极接受先进史学思想，摒弃迷信成分浓厚的内容，用进化论史观引领修志，主张“根据旧籍，穷究事实，以求进化原理”，且应“藉过去之进化，以导未来之进化”。陈一得的修志强调经世致用，注重民生。县志在很大程度上摆脱了旧方志“重政治，轻民生”、“重人文，轻经济”的窠臼，加强对交通、农业、工业、商业等内容的记述，使志书实用性较强，且有裨益于民生。

此外，新志还注重引进先进的方法，使记述内容更加科学准确。特别在卷二“天文、气象”中，“天文切于应用气象，特设仪器测候两年，并制变迁图表，以明概要”。又如，因当时客观条件所限，无法绘制精确的盐津地图，但虽“无力实测，疆域、位置、山脉、水流、形势、名胜曾经反复调查，务求近合。名山要地标高，并经用仪器实测记数，以资比较。各乡镇详绘分图，名胜择要摄附影片，以求明晰”。《盐津县志》中，凡“资料有精确数字调查者，概制成统计比较表”，增强了志书的科学性。值得指出的是，在《凡例》中还明确提出，“异庸德矫情，事涉迷信者，概删除不列”，将一些迷信谣传删除，保证了县志的科学性，具有很高的史料价值。它是盐津第一部完整、系统的地情资料书，被云南史学界评为具有历史研究价值的地方志。

夕阳无限好

老话说："夕阳无限好，只是近黄昏。"对陈一得而言，夕阳是美好的，因为社会主义新中国对科学、对人才的重视让他如沐春风，虽已是古稀之年，却散发出青春般的活力。就像他自己所说的那样，人活着一天就要有一天的贡献。虽处人生黄昏时，却是最美夕阳红。

老骥伏枥志不衰

1949年12月云南和平解放，就在卢汉起义成功的前半年，陈一得还著文立说，对云南的降水与水利建设提出意见。1949年6月他撰写了《云南降水量与水利问题》的论著，作为“云南科学研究社第十一届年会”论文，发表在昆明《教育与科学》（第二卷第六期）杂志上。这篇关于云南气象研究的重要论著，是陈一得在总结了清末至民国半个多世纪云南数十个县区气象观测与记录结果的基础上，较早用现代科学的方法，全面系统地论述了云南降水的来源、分布及降水与水利等云南气象中的规律性问题。他通过多年的观测、记录和查阅浩繁资料，并运用现代气象科学的理论进行研究，第一次对云南降水来源做出了规律性的分析和概括。云南降雨分布是十分丰富而均匀的（民国年间兰州市全年平均降雨量仅为昆明四分之一），如何合理利用这一优势，陈一得认为云南水利建设，适宜“筑闸坝，开堰塘，雨季储水，因时启闭，建渠引水，以为栽插灌溉之用”。他认为，若能因地制宜，在水低田高的地区，用虹吸抽水灌溉，则效用显著，在山地梯田为主的地区，宜“利用天然泉水或河水，依山凿渠，截箐开堰，拦河筑坝，费工不大，则水利天成”。他提出，对于水利设施的建设，应充分考虑降水量与蒸发量的精确比，根据这一比值，方能建成合适容量的水库，否则，容量不足，水分损失过快；容量过大，暴雨来袭，易溃决泛滥，淹没田舍。回顾2009~2010年的云南大旱，陈一得这些观点对今天政府制定农业政策仍有重要的参考价值。

1950年2月20日，中国人民解放军第二野战军第四兵团在陈赓、宋仁穷、周保中等的率领下进入昆明。全市人民组成的欢迎队伍长达10余里。当部队进入市区时，万人空巷，鞭炮齐鸣，欢声雷动。陈一得也早早加入到了欢迎队伍之中，他欢欣鼓舞，即兴赋诗以表兴奋之情："旭日东升万木春，壶浆箪食迎亲人，冰天冻解独夫亟，锦绣河山还亿民。"这是陈一得内心喜悦之情最真诚的流露，他不掩饰自己，也从不伪装做作。

新中国建立后，万象更新、百废待兴，年近七旬的陈一得依旧坚持每天工作至半夜，他将自己多年积累的天文气象资料和测候所移交给人民政府，继续为人民工作。他总是感叹说自己要是再年轻一些就好了，许多旧政权时期做不了的事情就可以放手做了，可惜岁月不饶人，这样一位勤勤恳恳、默默奉献、不求回报的科学家最无力改变的是自己的年龄。

1950年，新政权刚刚稳定，陈一得就被任命为云南省人民政府监察委员。1950年七八月份，陈一得又同赵恕、王钟仁等人共同发起、组织，并于1951年1月14日在昆明护国路云南中苏友协成立云南省气象学会，陈一得任理事长。1953年8月，云南省博物馆聘陈一得为馆长。陈一得在任职省博物馆馆长期间，根据博物馆的工作性质和业务特点，对历史文物进行收集、保护、鉴定工作，邀请文史馆的老先生成立“文物鉴定小组”，对云南省文物保护做出自己的贡献。他还在博物馆中成立“科普小组”，进行科学研究。他每天从钱局街步行至圆通山原省博物馆上班，生活简朴，但为公益事业却从不吝惜，购买公债或支持共青团活动，他都积极带头参加。

1955年陈一得出席在北京的全国第一次职工科普工作积极分子会议，当选为全国科协理事，后又被选为云南省科普协主席。此外还任过云南省天文学会理事长、政协云南省第一届委员、政协昆明市第二届副主席等职。

尽管年高体弱、任务繁重，但他仍孜孜不倦，继续从事科学研究，甚至不辞劳苦，长途跋涉，亲往丽江、永胜等地考察地震。1951年12月21日16时许，滇西北丽江发生强烈地震，震级6.25级，烈度9度，受灾6000余户，死亡一万余人。地震后省政府高度重视，派遣大量救援人员赴灾区救灾。消息传来，长期关注地震研究的职业嗅觉告诉陈一得必须到现场去查看个究竟。然前方余震不断，为安全起计，陈一得不得不在昆做等待。1952年年初，陈一得带领一支考察小组浩浩荡荡奔丽江去了。此时的陈一得已66岁，满头的白发告诉人们这已是位上了年纪的老人，但他不愿向岁月低头、不愿让年轻人将自己当作负担，一路上再辛苦也没有半句牢骚，路途上不曾有半点耽搁。50年代从昆明到丽江的道路崎岖、路况复杂，在一路的颠簸后，刚到丽江的陈一得顾不上休息，马上开始走访灾区，勘查现场。踏着脚下破碎的瓦砾，陈一得真切感受到了地震灾害的无情与威力，在为灾区人民悲痛、祈祷之余，更感自己身上责任重大，只有充分研究地震发生之规律，才能最大限度地减轻灾害对百姓的冲击。在一步一脚走遍灾区每一寸土地后，陈一得获得了大量的数据与材料，回昆后，又查阅相关史料，摘抄分析历史上地震灾害分布情况。在此次考察中，先生还撰写了《云南地震考察报告》，报告中将天体、地球视为一个整体，认为“地球上地震的物理现象，应结合天体引力、大气压力，凑成外因各项条件，通过地球构造，内部矛盾之断层，力不平衡的内因，而起作用”。并列出地震史料以证明之，为推动地震研究，先生还倡议加强建设地震带地震观测网，求测正确记录，以研究地球物理、地面倾斜、地震构造等。针对地震防灾，先生倡导：震前准确预报，多建耐震房屋，减少倒压损失，尤其是在建设巨大桥梁、矿山工厂等大建筑时，设计时应更注意防震。针对城市建筑，先生认为市区应逐步加宽巷道，多设市区公园广场水池，颁行耐震建筑条例，取缔危险建筑等。这些工作开创了云南现代地震研究之先河，为云南的地震预报、研究铺平了道路。随后，又到楚雄的大姚，大理的剑川、鹤庆，红河的建水、石屏、弥勒，曲靖陆良等地再次考察，他抄小道，渡急流，攀险峰，只为探寻震源，将分析研究做到极细。此外他还收集了不少群众预感地震的谚语，及家禽、家畜或其他动物在地震前躁动不安的现象，以丰富地震预测的手段，提高地震预测的准确性。在此基础上，陈一得1957年编写出了《云南地震情况的初步研究》一书，为云南地震的预报和研究做了开拓性的工作。

此外，陈一得还到东川矿山等建筑工地实地考察，为建设社会主义的新中国出谋划策。甚至在1956年，已70高龄的陈先生还带领各界人士参观团到武汉参观，表现出不辞劳苦、老当益壮和前进不息的精神。

鞠躬尽瘁终无悔

晚年的陈一得仍旧为自己所钟爱的事业认真工作，任中国科学技术协会委员时，每次开会，无论寒暑他都必定赴会听取经验交流，接受决议精神，回到昆明加以传达，以促进工作。他在担任云南省自然科学联合会分会主任、云南省科学普及协会主席、博物馆馆长期间，更是殚精竭虑。1958年9月，在赴北京参加全国首次科普积极分子大会，返昆后草拟传达会议的报告时，即觉身体不适，便血症发作，经医生急救无效，于1958年10月17日逝世，享年72岁。

作为我国气象工作的先驱之一，云南气象科学事业的奠基人，云南天文、地震科学的开拓者，一得先生毕生刻苦自学、勤奋实践、呕心沥血、奋勇开拓，从而在当时的彩云之南培育出气象学、天文学、地震学三棵幼苗。

回顾先生的一生，从参加科举童子试到昆明高等学堂学法语再到优级师范学习数理化专科，先生既没有书香门第的家境，又无良师指引，更未进过天文、气象、地震方面的专业学校。他的成才，全靠自学，是抱负、实践加坚强意志的结果。

他将崇高的理想化为观测自然、开发资源的行动。面对多山、多民族、待开发的云南，先生在气象、天文、地震、地理领域辛勤耕耘，“重特产”“益民生”，开发气候资源，趋利避害，也正因为有此动力，才自费赴南京深造、到沪京津等地参观学习，几十年如一日地深入现场，实地考察，向老农请教，自学气象等知识。

他热爱祖国，献身科学，欲穷天地山川之奥秘。早年求学时代，就倡县治，反对清王朝屈从列强、修筑滇越铁路、出卖云南七府矿权，并直接参加过推翻清王朝的斗争。在半封建半殖民地的旧中国，他摆脱世俗，不沽名利，不畏权势，一面教学，一面钻研气象、天文诸科学。他既培养了一大批人才，又取得了丰硕的科研成果，被誉为“中国自然科学的鲁殿灵光”。

他是近代自然科学与传统文化结合的典范，不仅在自己的专业领域成绩卓著，还为后人留下了颇具实用价值与文学色彩的方志丛书，惠及后人。他严谨的治学精神，钻研科学的毅力，朴实的作风，深得竺可桢等老一辈科学家的推崇。抗战期间，曾在昆明与陈先生共过事的著名天文学家张钰哲，后来写诗称颂先生：“久矣风沙不关心，滇池秦赛惯长征；情怀病骥思高卧，世事鞭驱未恤矜；赖有耆年垂矩范，孰云星层侪俳伶；更祁异象呈空日，浮雾寇烟俱扫清。”陈一得在新中国成立后的一次讲话中说：“纵观宇宙，空间无极，时间无限，天体运动不息，恍惚于人生，当积极努力，用有限的生命，努力为人类社会谋幸福。”这是先生献身科学的动力，也是其一生的写照。

记得毛泽东曾经在《纪念白求恩》一文中有这样的句子：“一个人能力有大小，但只要有这点精神，就是一个高尚的人，一个纯粹的人，一个有道德的人，一个脱离了低级趣味的人，一个有益于人民的人。”这句话用来评价先生也很适合，他一生为人正直，可算得上是一高尚之人。生前好友方树梅评价他：“生平无嗜好，烟酒赌博皆远之，惟爱好自然科学。”因而他又是个纯粹的人。一生不求名利，不为做官，又是一个脱离了低级趣味的人。他一生的研究，论著颇丰，为云南乃至全国气象事业做出卓越贡献，自然是一位有益于人民的人。

民国三十六年（1947），石青农先生就在《气象学家陈一得》一文中高度称赞陈一得先生，他说：“当中国扫除了科学发达的阻碍，使科学事业走向发展的道路的时候，人们必然会永远记起这位先驱的科学工作者的贡献。”“陈一得先生为云南，不！为中国的科学事业苦斗了几十年，成绩俱在，有目共睹。”是的，民国时期石先生的这番话在今天看来犹如一番预言，今天，面对气象科学的高速发展，我们自然是不能忘记这位为中国科学事业奉献一生的先驱。

他一生给后人留下大量著作，这些著作是先生一生科研工作的写照，主要有：《云南气象》《云南史地丛书》《云南气象要素之分布》《云南的云》《云南气流的运行》《云南雨量之分布》《怎样知道流星雨要出现》《民国二十年十一月天气奇遇》《标准时制特刊》《云南地震之史的考察》（以上各书发表于《教育与科学》《五华学报》）《天文》《地震》《民国二十年水灾与天气》《道光十三年云南大地震之研究》《云南恒星图》《步天规及附表》《唐代云南通中原的道路——石门豆沙关》《昭通等八县图说》《国防南顾图》《盐津县乡土志》《盐津县志》《新纂云南通志·天文气象》等；希望后人在看到这些著作时，会想起有这么一位单纯的科学家，一生只为科学，单纯而又简单。

先生去世后，与妻子合葬一处，坟墓在今云南省气象博物馆，也就是20世纪30年代先生一手建立的“昆明气象测候所”旁。先生与妻子就静静地躺在那儿，看尽世间

陈一得先生与妻子刘德芳女士之墓，作者实地拍摄

繁华，只为寻得一清净之所，这也是先生最大的愿望。

登上西山，在视野开阔的太华山上，白天看变化万端的白云飘浮于蔚蓝的天空中，形形色色的云彩，如毛卷云、高积云、高层云、层积云以及淡积云等，常在滇池上空转换出现；弥望远方，远山含黛，碧波缥缈，烟霭有无，气象万千，荡人心胸，拓人心境，清晨和傍晚，火红的、五彩缤纷的云霞在天边放射出煦丽的霞光。湖光、山色、波光、云影互相掩映，构成了滇池地区独具风格的景观，先生与妻子的墓背对气象站，俯瞰滇池，尽观天象于眼底，对一生钟爱气象的先生而言，此处无疑是最好的安息之所。

如今，在云南省气象博物馆“一得楼”旁，有一棵生长茂盛的山茶树在风中摇曳着动人的身姿，似乎在述说着什么。这棵由陈先生亲手种下的茶树如今也长成了大树，据气象博物馆里的一位工作人员说，像这样大的山茶树，在整个昆明也没有几株，听后让人略感欣慰，陈先生为科研奉献一生，很少有人知晓，如今他已久离我们而去，睹物思人，看到这株山茶花，仿佛就看到了树下静静思考的陈先生，人虽远去，而灵魂永存。

参考书目

1. 中国科学院历史研究所第三所编：《云南杂志选辑》，科学出版社 1958 年版。

2. 石青农：《气象学家陈一得》，载《人物杂志》1947 年第 11 期。

3. 昆明日报编：《老昆明》，云南人民出版社 1997 年版。

4. 赵芳：《陈一得与云南地方志》，载《中国地方志》2007 年第 4 期。

5. 石青农：《气象学家陈一得》，载《人物杂志》1947 年第 11 期。